KB109590

정치의 왕도(王道)

정치의 왕도(王道)

발행일	2021년 8월 26일			
지은이	이찬석			
펴낸이	손형국			
펴낸곳	(주)북랩			
편집인	선일영	편집	정두철, 배진용, 김현아, 박준, 장하영
디자인	이현수, 한수희, 김윤주, 허지혜	제작	박기성, 황동현, 구성우, 권태련
마케팅	김회란, 박진관			
출판등록	2004. 12. 1(제2012-000051호)			
주소	서울특별시 금천구 가산디지털 1로 168, 우림라이온스밸리 B동 B113~114호, C동 B101호			
홈페이지	www.book.co.kr			
전화번호	(02)2026-5777	팩스	(02)2026-5747

ISBN   979-11-6539-890-3 03190 (종이책)   979-11-6539-891-0 05190 (전자책)

잘못된 책은 구입한 곳에서 교환해드립니다.
이 책은 저작권법에 따라 보호받는 저작물이므로 무단 전재와 복제를 금합니다.

(주)북랩 성공출판의 파트너

북랩 홈페이지와 패밀리 사이트에서 다양한 출판 솔루션을 만나 보세요!

홈페이지 book.co.kr   •   **블로그** blog.naver.com/essaybook   •   **출판문의** book@book.co.kr

작가 연락처 문의 ▸ ask.book.co.kr

작가 연락처는 개인정보이므로 북랩에서 알려드릴 수 없습니다.

새로운 대한민국을 만드는 해법과
통렬한 정치 비평

정치의 왕도

이찬석 지음

王
道

정치는 시민들이 살뜰하게 챙기고 다듬어서
성숙한 민주 시민의 권리를 찾는 일이며, 정치인들이 서로 단결하여
국민을 사랑하는 마음의 불을 지피는 선의적 경쟁 시대를 열어가는 일이다.
하지만 그것이 그렇게도 힘든 일인가.

book Lab

서문

어느덧 정치라는 미완의 생물과 세월을 벗해온 시간이 반세기가
지나려고 합니다.

60년의 나이테를 하나하나 쌓아가면서 정치 허무주의에 젖은 세
월이 젖지 않아서일까 정치라는 것이 우리 자신과 상관이 없는 생
활 외적인 주제라고 에둘러 생각한 적도 있지만, 정치는 바로 우리
시민들이 주인의식을 갖고 살뜰하게 챙기고 다듬어서 성숙한 민주
시민의 권리를 찾는 일이며, 供役입니다. 정치인들은 반드시 정당
의 이익을 위해 나서는 아류의 용병이 아니라, 서로 단결하여 국민
을 사랑하는 마음의 불을 지피면서, 오직 비전 있는 정책으로서
선의적 경쟁의 시대를 열어가는 대의의 사도라고 생각합니다. 일입
니다. 하지만 그것이 국민을 두 다리를 뻗고 절망 없이 행복하게
살게 해주는 일이 그렇게도 힘이 드나 봅니다.

정치가 국민을 위해서 존재하는 것인데 실제 국민을 위하거나
국민의 정서에 부합하는 진정성 있는 바른 정치의 풍토는 여간해

서 찾을 길이 없습니다.

국민을 사랑하고, 국민을 행복하게 해주는 현명한 방법을 제대로 찾지 못한 우둔한 정치사를 묵묵히 지켜보면서 국민 누구라도 7. 8단의 정치 실력을 보일 수 있을 것 같은데 정작 나라 살림의 전문 경영인이 왜! 역사의 시기마다 국민의 탄식을 멈추지 않게 하는지 아쉬움을 절감하면서 미력한 소견을 혼탁한 정치 마당에 올려 봅니다.

높은 학문과 덕망을 갖추고, 재력과 대중의 마음을 흔드는 언변까지 두루 갖추신 국회의원님들께서, 마음만 먹으면 당장이라도 우리나라 국민을 행복하게 하고, 전 세계가 열광하는 선진정책을 펼칠 수 있을 터인데, 정책의 선결과제인 국민봉사 국민 사랑, 실천을 할 수 있는 방안은 뒤로 미루고, 반세기가 지나가는 동안 국민의 마음을 참 많이도 아프게 하고, 끊어진 희망의 다리와 미래로 가는 비전 열차길 하나 놓는 과업을 제대로 수행하지 않으셨으니, 방방곡곡에 울려 퍼지는 비난의 물결은 뭐라 탓할 수 없는 일인 것 같습니다. 국회의원 한 분, 한 분의 거취, 정치인의 철학은 우리 민생들의 삶과 행복에 대해서 큰 영향을 끼치고 있는가를 생각해 보면, 국민은 이대로 정치인들의 실책과 무정책의 망동을 받아주고, 맹목적인 이해의 대물림을 반복할 수 없다는 냉엄한 자각이 들었습니다.

이제는 국민을 친구로 삼고 민생을 살피는 국회의원이 그립습니다. 국민을 위해 밤을 꼬박 새우며, 일하는 국회의원을 보고 싶습니다.

정당의 이익 앞에서 소신을 죽이고, 정당의 정치이념 때문에 자신의 정치 철학을 저버리는 정치인은 국회를 떠나기를 바랍니다.

그러한 국회의원들을 우리의 이웃으로 삼는 꿈을 달성하기 위해서, 정치가 나아가야 하는 방안과 통치 철학에 대해서 고민하는 시간여행을 하게 되었습니다.

아무쪼록 이 한 권의 책이 짙은 안개가 넘실거리는 엄혹한 정치문화가 국민에게 필요한 것만을 찾아서 길을 떠나가는 희망 줄기가 되고, 어둑한 국민의 눈과 발이 되어주는 참다운 세상 열기의 일꾼이 되어주시기를 기대합니다.

필력은 없으나 사력을 다했고, 지혜는 어눌하되 치열하게 탐구했습니다. 단순한 지식이나 사회현상을 담아내기보다 시대가 품고 있는 아픔과 반드시 미래에는 사라져야 할 역사적인 폐단들을 일소해야 한다는 끈기 있는 살핌을 통해, 나름의 소신을 밝히게 되었사오니 길을 제시하지 못한 우둔함은 지적해주시고, 미래를 열어가는 데 필요한 방안이 된다면, 거두어 나침판으로 삼아 가신다면 더할 수 없는 영광이라 여기겠습니다.

목차

서문   5

01 위기와 기회의 차이점   13

02 독주는 독배와 같다   21

03 정치적 허무주의   25

04 정치가 성장하려면   29

05 정치검찰에게   34

06 리더는 가만히 있지를 않는다   41

07 인권 사각지대   49

08 국회 미등원은 권리와 의무 철회   57

09 여야 정당의 싸움   62

10 결단 없는 정치인   68

11 협업의 정치가 국민 행복을 결정짓는다   75

12 문제를 기피하는 정치인   77

13 정치가 바로 서야 나라가 산다   80

14 정치가 맡은 역할을 제때 수행해야 하는 이유   83

15 혁신의 마당에 서라   85

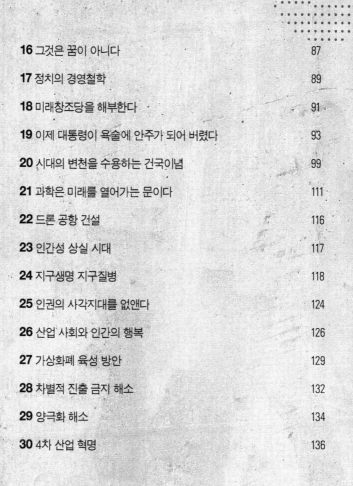

16 그것은 꿈이 아니다　　　　　　　　　　　87

17 정치의 경영철학　　　　　　　　　　　　89

18 미래창조당을 해부한다　　　　　　　　　91

19 이제 대통령이 욕술에 안주가 되어 버렸다　　　93

20 시대의 변천을 수용하는 건국이념　　　　99

21 과학은 미래를 열어가는 문이다　　　　　111

22 드론 공항 건설　　　　　　　　　　　　116

23 인간성 상실 시대　　　　　　　　　　　117

24 지구생명 지구질병　　　　　　　　　　118

25 인권의 사각지대를 없앤다　　　　　　　124

26 산업 사회와 인간의 행복　　　　　　　126

27 가상화폐 육성 방안　　　　　　　　　　129

28 차별적 진출 금지 해소　　　　　　　　132

29 양극화 해소　　　　　　　　　　　　　134

30 4차 산업 혁명　　　　　　　　　　　　136

31 금융 선진화   137

32 발명대학을 만든다   157

33 선진국 진입을 위한 신일자리 창출 창조 100대 직업   164

34 출산 장려 정책의 입법 활동 지원   175

35 자연에너지 발굴대책   179

36 국민 행복 증대   182

37 미래창조당   186

38 내가 바라본 정창덕 송호대학교 총장   197

39 이낙연 대표를 평한다   200

40 정세균 전 총리를 말하다   206

41 참 정치인, 진보당의 심상정 의원   209

42 참 정치인, 더불어민주당 한명숙 전 국무총리   212

43 참 정치인, 더불어민주당 당 대표 송영길 의원   215

44 참 정치인, 더불어민주당 국회 이준석 사무총장   217

45 참 정치인, 김종인 정치인을 평하다   219

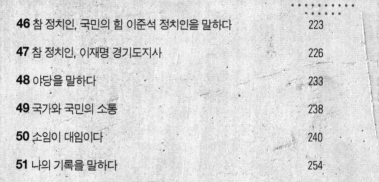

46 참 정치인, 국민의 힘 이준석 정치인을 말하다   223

47 참 정치인, 이재명 경기도지사   226

48 야당을 말하다   233

49 국가와 국민의 소통   238

50 소임이 대임이다   240

51 나의 기록을 말하다   254

01
위기와 기회의 차이점

역사의 길은 평탄하지 않다. 국민의 운명을 함께 짊어지고 나아가는 길은 더더욱 그러하다. 굵은 방울로 내리는 역사의 마당에 위기의 가랑비가 국민 삶의 처마를 들이치면서 가까스로 지핀 희망의 불을 끄게 하고 잠잠하던 시대의 아침은 예기치 않은 사건을 통해 불안한 정국으로 바뀌게 된다.

때로는 고장 난 나침판을 앞에 세워 거세게 덤벼드는 풍랑을 다스리며, 장엄한 역사의 바다를 멈추지 않고, 항해해야 한다.

안으로는 분열의 바람을 달래고 밖으로는 고도의 정치적 이익 논리로 무장한 세력들이 펼치는 자국 이기주의 국제무대에서 생존 가능한 생태계를 지켜내기 위해 가슴을 쓸어 앉는 위기와 맞서야 한다.

열강들이 펼치는 힘의 논리와 국력을 내세워 돌진해 오는 국제무대는 정권 창출에만 눈이 멀어 국내 정치 상황을 소용돌이로 몰아가는 태도는 난국을 불러들이는 너무나 안일한 역사 인식의 태도가 아닌가 한다.

달구어진 쇠는 때리지 않고 그냥 식게 놓아두면 나무를 베는 명검으로 만들 수 없다. 역사의 대항마로 부상하는 지도자분들이 국내 정치 상황을 대립적 갈등의 장터로 만들어간다면 대아는 소아로 전락하고 희망은 절망으로 대치가 되며 특히 국민에게 희망을 안겨주는 과업은 언제나 뒤로 밀려날 수밖에 없는 일이다.

小成大成이라고 한다. 작은 것을 이룬 후에 큰 것을 이룬다는 뜻이다. 필자가 지은 말로서 평소 일을 함에 있어 중시하는 좌우명이다. 작은 것은 큰 것을 가는 길의 왕도이다. 그런데 이러한 생각을 실천한다는 것이 얼마나 어려운 일인지 볼품없는 인생을 살아오면서 뼈저리게 느끼고 있다.
대업은 한순간에 이루어지지 않지만 무엇이든 단번에 성취하려고 하는 인간의 욕망은 작은 일은 멀리 두고 나중 일만을 이루기 위해 시간을 낭비하게 한다. 담을 높게 쌓는다고 성이 지켜지는 것이 아니라 얼마나 튼튼하게 쌓느냐에 따라서 성벽의 운명은 달려 있다.

지금 우리의 정치가 튼튼하게 성벽을 쌓는 것이 아니라 높게 쌓는 일에만 매달리고 있는 것은 아닌지 돌아볼 일이나. 만약 지금 이 위기의 시대라고 한다면 필자는 그 말에 동의하지 않는다. 지금의 위기는 튼튼한 성벽을 쌓아 국민의 안위와 행복을 지켜 내야 한다는 사명이 없이 높은 성벽만을 쌓아 치적을 만들어가려는 정치인들의 정치 철학이 불러온 결과라고 생각한다. 나라에 국운이 쇠하고 위기가 불어닥친다면 이는 국토에서 오는 것이 아니요, 나라 밖에서 불어오는 것이 아니요.

난세의 영웅임을 자처하는 자격 부적절한 정치인의 사고방식에서 불어온다고 생각한다. 성공과 실패는 그 사람의 생각 속에서 출발한다. 성공과 실패라는 운명의 지도는 바로 정치인의 생각 속에서 만들어진다.

따라서 올바른 정치인의 생각은 국가의 운명을 지키는 나라의 대문과 같고, 어둠을 밝히는 촛불과 같으며 위기를 기회로 만드는 전사와 같고 밤을 낮 삼고 낮을 밤 삼아 국가와 국민의 안위를 지키는 최전방의 군인과 같다.

정치인의 생각 속에서 부강한 나라의 영예가 생겨나고 추락하는 나라의 어두운 운명의 그림자가 드리워진다는 사실을 짐작해 보면 정치인들의 마음의 자세가 얼마나 중요한 일인가를 다시 한번 새기게 된다.

역사를 개인의 명예와 과욕의 잔치로 실험의 장터로 생각하고 직분에 임한다면 그야말로 언덕에 굳건하게 자리 잡은 바위가 굴러떨어지는 것 같이 위험한 일이 아닐 수 없는 일이다.

정치인들은 대한민국을 희망의 제국으로 만들기를 원한다면 국가의 운명에 휘황찬란한 황금빛 색칠을 해야 한다. 위기를 만들지는 못한다고 해도 적어도 기회를 위기로 만드는 과업은 자행하지 말아야 한다.

역사의 시곗바늘은 멈추어 서도 안 되고 그렇다고 방향을 거꾸로 돌려서도 안 된다. 지금 정치인들은 국민의 불호령을 내려 단죄를 물을 만큼 정치무법자라고는 생각하지 않는다. 위기를 조장한 무리라고 생각하지 않는다.

정치인 모두는 충분히 애국애족의 정신과 사익에 머물지 않는 공익의 사명감에 불타고 있으며 그것이 정치 일선에 나서게 된 동기라고 생각하고 있다. 그러나 그러한 공익의 사명이 있되 결과적 열매를 맺는 일에는 너무나 더딘 것이 아닌가 아쉬움을 갖게 된다.

사랑은 그에 맞는 열매가 있고 공부는 그에 맞는 영예가 있으며 정치는 그에 맞는 결과가 있다. 지금 우리의 현실이 마땅하지 않다면 다시 말해 국민이 가져갈 희망의 열매가 조금은 덜 열렸다면 올해의 작물은 더 많은 열매가 되고 내년에는 더 많은 열매가 열리는 해가 되도록 힘써 주시기를 바란다.

지금 우리 국민에게는 오늘보다는 내일이 더 나아진나는 구호적이고 전시적인 희망의 콘서트가 아니라 오늘은 어제보다 나고 오늘보다는 내일이 나아지는 한 계단식 올라서는 정치, 어제보다는 돈이 불어난 저금통장 같은 정치를 원하는 것이다.

흔들림 없이 가파른 길에서 중심을 잡고, 길을 걸어갈 수는 없다는 것은 잘 알고 있다. 바람이 등을 내주는 일도 있고, 내준 등을 밀쳐서 지상으로 추락하게 하는 일도 있다. 넘어짐이 없이는 길에서 만나는 위기를 중심 잡고 벗어날 수 없다.

정치인이 마술사도 아니고 어찌 하는 일마다 국민 입맛에 철썩하고 달라붙는 일만 하시겠는가! 때로는 정성을 들인 일들이 산통을 깨는 일도 있고 죽으라고 국민을 위해 일을 했는데 받는 것은 욕설 보따리인 경우도 있을 것이다. 그러나 본시 회초리로 종아리를 맞는 사람은 사랑을 많이 받는 장손이다. 그 자리가 본시 꾸중과 욕을 얻어먹는 자리이다.

국민의 욕설은 만인의 사랑이다. 얼마나 기대하고 사랑을 하면 저리 욕을 할까라고 이해를 하시고 그래도 너무 자주 욕을 얻어먹는 정치인분들은 자질도 부족하고 성품도 그렇고 국민의 안위를 책임질 자격은 안 되는 것 같으니 스스로 용퇴하며 좋은 인재가 등원할 수 있는 기회를 제공해주는 것도 국민 사랑이라고 생각하오니 한 번쯤 돌아볼 일이다.

그리고 정치인이라면 위기를 기회로 만들어 수고 뚝딱해서 불행을 행복으로 만들어 주는 마술 정도는 부릴 줄 아는 능력을 갖추고 있어야 하지 않나 생각해 본다.

기회만 위기를 사냥하지는 않는다. 위기도 기회를 사냥한다. 둘은 상극이고 상반된 가치를 지니고 있으나, 둘은 가까운 친구이고, 동지이며, 벗해서 돌아가는 이웃사촌이다.

위기가 없는데 기회가 태동할 일이 없고, 순산의 기쁨을 만끽하는 일이 발생할 일이 없다. 위기는 온갖 손가락질을 받아가며, 기회라는 친구의 곁을 지키고 있다. 집중해서 시도하고, 치열하게 도전하라! 기회는 바로 그곳을 은신처로 삼고 살아가고 있기 때문이다.

기회와 위기는 서로 낚시질을 하고, 서로에게 동화되기 위해 사냥하기도, 상생하기도 한다. 때로는 위기가 기회를 누르고, 완판승을 할 때가 있고, 기회가 위기에게 맥없이 두들겨 맞고 다운되는 경우도 있다. 대부분 사람들은 승자 편에서 있기를 희망하기 때문에, 기회를 잘 다스리는 사람을 선호한다.

우리는 언제나 그래왔듯이 다시 일어나 위기를 누르고 벗하면서, 좀 더 잘생긴 기회를 만들어 유연하게 만드는 조종자이다. 실패와 성공의 그림을 그리는 화가이다. 살아가는 존재들이다.

위기를 기회로 만드는 것은 막힌 물꼬를 트게 하고, 닫힌 장문을 여는 일이며, 절망적인 상황을 희망의 상태로 전환시켜 놓는 일이다. 위기가 기회로 변하는 원리는 위기를 분석하고, 얻은 자료를 통해서 위기가 자신에게 가까이 오지 않도록, 짜임새 있는 활동이다.

위기를 잘 다스리면 곧바로 기회가 된다. 자신을 잘 다스리는 사람이 성공하는 이치와 절대 다르지 않다. 위기가 기회로 돌변하는 순간은 시간이 오래 걸리지도 않는다.

위기 속에서 넘어지는 사람들은 얼마든지 있다. 사방이 위기가 넘쳐나더라도 성공하고 말겠다는 자기암시를 대뇌이면서, 도전적인 활력을 불어넣는 일은 펑크 난 바퀴에 다시 바람을 넣고, 씽씽 굴러가게 하는 일과 다르지 않다.

우리는 자주 절망하고, 시련에 나포를 당하지만 견디고, 인내하는 동안에 위기는 기회로 돌변하여 삶의 기쁨을 얻게 되는 것이다.

닫힌 역사는 역사가 아니다.
활동하지 않은 역사도 역사가 아니다.
역사는 수레바퀴와 같이 멈추지 않고,
더 나은 세상에 당도하기 위해 길을 나선다.
도도한 물결이 멈추어 서지 않는다.
들판을 태우는 화마가 중도에 기를 스스로 꺾지 않는다.

역사 인식의 합리성이 결여된 정치인들의 출현은 도전의 열차를 타고, 미래로 가는 역사를 과거로 달려가게 하는 과거 지향 타임머신 정치를 하게 된다.

02
독주는 독배와 같다

봄은 여름과 함께 가을을 준비한다. 가을의 오곡백과는 단지 뜨거운 태양을 받아드려 곡식을 익혀 내어놓는 것이 아니라 서로의 갈 길을 열어주면서 만상의 조화로움을 이끌어 가는 것이다. 여름이 가을을 만들어 내고 가을은 다시 겨울을 만들어 낸다. 자연은 다툼이 없고 분열이 없으며 서로를 적대시하는 날카로움이 존재하지 않는다. 그들은 독주하지 않고 순응을 배우며 서로 협력하는 상생의 이치를 따른다.

각 계절이 위대한 것은 바로 서로를 포용하고 길을 내주고 귀담아 품는 일을 즐기기 때문이다. 앞서는 것 같으나 뒤에 있는 계절을 이끌어주며 살아간다.

조화 속에는 평화가 있다. 손잡아주는 상생의 가치가 있다. 그러나 인간의 문명에는 조화를 만들어가기보다 그나마 있는 조화를 깨부수는 분열의 기운이 득세를 한다. 다툼이 있고 원망과 비난이 있다.

인간의 문명이 이토록 각이 세워지고 조화가 정착되지 않는 것은 자신의 자만과 이기심이 독주의 문화를 받들어 놓았기 때문이다.

사회 저변의 모든 문화가 함께 하기보다 독주하려고 한다. 뒤돌아볼 겨를 없이 황망하게 살아가는 이유도 있으나 합의점을 찾아내는 노력을 하기보다는 자신들의 신념에 따라서 일을 결말지으려는 독단을 고집하는 것이다.

인간은 사회적 동물이기 때문에 타인의 의견을 수용하지 않으면 건강한 사회성이 길러지지 않는다. 특히 정치는 합의 도출의 문화이다. 만약 합의가 이루어지지 않는다면 역사는 파행을 거듭하게 되고 반대 세력의 특세를 키워 정국이 하루도 안정을 이룰 날이 없게 된다. 독주는 독배를 마시는 것과 다르지 않다.

정치는 혼자의 능력만으로 문제를 해결할 수 없습니다. 지금 대한민국의 정치가 혼란 속으로 빠져들어 해결의 실마리가 보이지 않는 것은 각 의원이나 정당들이 독주를 하기 때문이다. 바람 잘 날 없는 들판이 소리가 요란한 것은 먼지만 들고 일어나는 곳이기 때문이다. 들판의 바람은 머물고 가는 것도 없고 그저 앞으로 달려가기만 한다. 누구의 말도 듣지를 않고 들고 일어나 먼지를 일으키고 있다.

독주는 여러 가지 사회적 폐단을 만든다. 소통의 단절과 관계성의 약화를 일으키며, 인간적이고 상식적인 협력의 문화를 실추시키며, 무엇보다 토론문화가 꽃을 피우지 않게 한다. 사회의 모든 곳에서 불만과 충돌이 일어나며 원색적인 비난도 곁들여지게 된다.

타인수용의 배려가 부족해지고 반대를 위한 반대 문화가 득세를 하게 된다. 국민총화 단결은 말할 것도 없이 사회 존속의 가치가 무너져 내리는 결과를 가져온다.

따라서 정치는 무엇보다 독주를 해서는 안 된다. 정치의 독주는 국민의 삶을 혼탁하게 만들고 분열을 일삼는 분쟁의 문화를 양성하게 된다.

국민이 원하는 것은 소통이다. 나라는 소수의 정치인이 하는 살림이 아니라 국민과 정치인이 서로 협력하여 달려가는 쌍두마차와 같다.

함께 타고 가도 될 대형버스를 한사람이 타고 간다고 생각해 본다면 독주가 얼마나 무서운 역사의 해악인지를 알 것이다. 역사의 배는 한 사람이 타고 가는 돛단배가 아니다.

소통이 단절된 역사는 성장의 활동성이 뚜렷하지 않다. 그리고 역사의 발전이 더디기만 하다. 어디 그뿐일까. 계속해서 제자리를 맴돌게 되는 것이다. 문민정부도 국민과의 소통에는 적극적으로 진행을 하지 않았다.

실패의 원인은 분열에 있다. 독단의 질주에 있다. 국민의 소리를 듣지 않고 어찌 국민이 원하는 정치를 펼쳐 갈 수 있을까. 정치가 발전을 하려면 민의 수렴의 창구를 확대해야 한다. 귀를 닫는 것은 역사의 문을 닫는 것과 다르지 않다.

03
정치적 허무주의

　정치에 대해서 한마디로 정의를 내린다면 아름다운 조화라고 말할 수 있다. 정치는 성장과 발전의 합의체이다, 하나의 결론은 또 다른 결론을 요구하면서 큰 틀에서의 합의체를 유추하게 되는 데 끊임없는 문제 제기와 해결방안을 모색해 나가는 과정이 바로 정치가 해야 하는 임무라는 것이다.

　정치가 희망이 되지 않고 불운한 역사의 순환을 막아서지 못하고 있다. 정치가 구태의 우물 속에서 벗어나지 않고 과거의 악습을 재현한다면 그 시대 국민의 삶은 불안하고 안정적인 사회문화를 상실하기도 한다.

　정치에 거는 기대는 일반의 기대와 달리 상당히 집착이 강하고 연결고리가 깊다. 일반 시민들이 정치에 거는 기대가 큰 사회는 정치가 발전적인 모델을 제시하지 못할 때 실망도 크고 정치적인 허무주의에 빠질 위험이 크다.

대한민국의 정치 지형은 국민에게 허무주의를 가져다주었다. 어두운 터널을 뚫고 허리띠를 졸라매고 관통해온 우리나라는 한강의 기적을 만들었고 가난한 국가에서 부자 나라를 만들었다.

　이것은 신화 창조이다. 세상 사람들이 동조하고 선망하는 신화 창조를 맛본 우리들은 기대의 크기를 신화 창조급으로 부피를 크게 만드는 경향이 있다. 그러다 보니 국민이라면 누구 한 사람 가릴 것이 없이 정치적인 허무주의에 빠져 지내고 있다.

　정치에 거는 시민문화는 반드시 정치 이념에 따라서 줄을 서기도 하고 반대되는 세력들과는 논의조차 하지 않으려고 적대감을 키운다. 그야말로 반대만을 위한 반대의 깃발이 탄생되는 사회적 환경이 만들어지는 과정이다.

　국민이 정치에 거는 기대가 이토록 큰 것이 긍정적인 작용을 해야 하는데 결과는 그렇지가 않다. 국민의 관심이 크면 클수록 정치는 상대적으로 썩어 간다. 그것은 정치 지형의 세력화에 국민들이 이념적으로 나누어져 있기 때문이다.

　열망과 비판은 다르다. 열망은 구애이다. 구애는 인간의 정서를 사사로움에 빠지게 한다. 간절함을 비켜선 구애는 인간으로 하여금 이성적인 활동을 멈추게 한다.

시민 혁명이 정치적인 신념에 의해 발생되었음을 주시해 볼 필요 있다. 시민들은 오늘보다 나은 미래 어제보다 발전적인 풍요 속에서 현재를 살아가고 싶은 욕망을 갖는다. 이것은 사회적 풍속이 아니라 당위성의 본능이다.

"국민은 무엇을 원하는가?"

이러한 질문은 정치인들이 해야 할 일이다. 단순한 질문은 정치하는 모든 사람들이 응당 해야 하는 질문이라고 생각할지 모르겠으나 실지 정치를 하는 사람들 중 많은 사람들이 국민이 무엇을 원하는지 질문조차 하지 않고 정치를 하고 있는 정치인들이 의외로 많다.

"그러니까 정치를 왜 하지?"라고 질문을 했을 때 언뜻 대답이 나오지 않거나 평소 정치적인 소신을 즉각적으로 말하는 사람은 그렇게 많지 않다는 것이다.

"나는 왜 학생들에게 강의를 하지?"라고 자문을 하면서 강의를 하는 교수들은 없다 그럼에도 불구하고 훌륭한 교수들은 얼마든지 있고 많은 학생들이 교수의 영향을 받아 훌륭한 사회인으로 성장을 하게 된다.

자문을 하지 않는 현상은 같은데 결과가 다르다.

우리 국민들 중 정치를 잘해서 행복한 국민은 아마도 제대로 찾아낼 수가 없을 것이다. 난센스다. 예측과 통계를 빗나가는 현상이다.

자문을 하지 않기로는 마찬가지이지만 정치인이 사회에 끼치는 영향과 교수가 학생들에게 끼치는 영향은 극명하게 다르다.

예상외로 결과의 차이는 크다. 교수로부터 강의를 받은 학생들이 훨씬 더 행복하며 고품질의 지식을 수혈 받는다. 왜, 이럴까? 교수는 학생들의 행복에 초점을 맞추고 오직 그 일만 해내기 때문에 그러한 것이다.

만약 정치인이 교수가 하는 것처럼 아침부터 저녁까지 국민들만 생각하면서 일을 한다면, 우리나라 국민들도 정치인으로 인해서 행복한 국민들이 얼마든지 생겨날 수 있을 것이다.

04
정치가 성장하려면

정치는 살아 있는 생물이다. 그것은 권력에 기반을 둔 집단이다. 권력이 없으면 정치는 살아가지 못한다. 그래서 야당보다 여당이 사회적으로 대우를 받고 모임에서도 먼저 손을 들고 나가거나 축사를 하게 된다.

꿋발과 주가가 한창 오르던 시절이 혁명가들이 지배하던 시기이다. 군사정권은 무엇이든 단결하고 항명을 금지하는 문화를 만들었다. 군대식 계급문화는 일반사회에서도 깊이 뿌리를 내렸다. 그때는 군인만 바도 건들지 않으려고 피해서 가는 사람들도 있었다. 이때 우리나라는 군기가 바짝 들어가 있었다.

냉수 마시고 이빨 쑤시고, 커피 마시고 이빨을 쑤셨다. 소위 가오가 있는 세상이었다. 근데 그때가 정치가 가장 잘되었다는 말들을 이구동성으로 한다. 이런 멀쩡한 다리 박박 긁는 생각을 하는 덜떨어진 사람들에게 한마디 해주고자 한다.

그때는 정치와 문화가 구분되지 않은 여러 가지 다양한 문화들이 혼용되어 돌아가는 누이 좋고 매부 좋은 시절이었다. 국가의 청명지수는 바닥을 쳤다. 부어라 마셔라 하다 보니 국민들은 질병에 걸려 병원을 찾아야 했다. 이때가 대학병원이 가장 많이 생겨나기 시작한 때이다.

시중에 돈이 넘친 것이 아니라 술과 여자가 넘쳐났다. 시골 농사꾼도 이때는 강남의 텐프로 술집을 드나들 정도였으니까 외관상 보기에는 경기가 활짝 미소를 지은 것으로 보였다.

그러나 경기부양책으로 예산을 편성하여 시중에 풀었으며 이때 국가 부채 부동률 차관이 가장 많이 외국에서 들어온 사실을 상기하지 않으면 안 된다. 국가 경제경쟁력으로 외화를 벌어드린 경제가 아니라 군사정권이 자행한 범죄사실을 쉬쉬하면서 가리려고 가진 국고를 다 풀어서 국민들이 흥청망청 쓰게 한 것이다. 소위 이때의 경제는 거품경제 국고 펑펑 낭비 경제였다.

경제가 살아나자 국민은 군사정권의 정당성을 인정하고 민주화가 뒷걸음을 치는 일이 발생하여도 웃고 넘어가는 여유를 부리기도 했다. 가짜 경기부양책에 의해서 국가는 병들고 국민도 병드는 시절이었다. 정치가 성장하려면 절대 국민의 눈과 마음을 속이는 일과 정책은 펼쳐서는 안 된다.

역사는 사실관계의 증명이다. 사실은 진실과 연결되며 진실을 덮고 거짓에 힘을 보태는 사회는 절대 올바른 시민문화도 가질 수 없으며 정치 또한 발전이 있을 수 없다.

전두환 정권은 진실을 땅에 묻고 국민들이 거짓으로 잔치를 벌이는 일을 자행하게 했다. 뒷돈거래, 온갖 청탁 비리, 국민들의 문화 속에서 수수를 통해서 얻어지는 폐단은 이루 말할 수 없다.

사업자금도 필요하지만 거기에 뒷돈이 없으면 아무런 일도 할 수도 없었고 시골 사람이 서울로 상경하여 출세한다는 일은 꿈속에 소가 둑을 뛰어넘어 논으로 달려가는 것만큼이나 힘든 일이었다.

교통 위반자들은 으레 운전면허증 대신에 파란 세종대왕을 몇 장 접어서 건네주면 통과였다. 뒷돈은 받는 것이 정상이고 주지 않는 사람은 못난 사람 융통성이 없는 짱구였다. 역사가들이 그들의 행적을 뒤져 본다면 세계에서 가장 웃기는 코미디였을 것이다.

나는 지금도 전두환이가 경제를 잘했다고 말하면 고개를 끄덕거리면서 턱수염을 만지는 사람을 보게 된다. 아마도 군대에서 말뚝을 받다가 늘그막에 제대한 군인이었을지도 모른다.

정치는 국민의 소리에 귀를 기울이는 것이다.

신문에 다루어진 여론이 아니라 정말로 귀에 들려오는 국민의 소리를 귀를 세우고 경청을 해야 정치가 발전을 할 수 있다.

역사의 진실을 왜곡하는 짓은 올바른 역사관을 정립할 수도 없고 역사의 기록 또한 제대로 진행할 수가 없다. 경제 성장까지 왜곡시켜 가면서 개인의 치적을 일삼은 군사정권 시대의 속 썩는 자화상은 왜곡된 역사 기록을 비판도 없이 수용하여 백년대계의 위대한 국가건설을 가로막고 있다. 시대 인식의 왜곡을 통해 길러진 망령자들이 올바른 역사교육을 바로 잡기 위해 노력하는 바른 역사 기록 사업을 가로막아서는 짓을 더 이상 허용해서는 아니 될 것이다.

역사침탈 범죄를 자행하고도 정당성을 확보하기 위해 역사 왜곡의 대물림을 반복하고, 허상이 실상을 타박하며 거짓이 진실을 구박하는 현대사의 모자란 정치역사는 이제 그 막을 내려야 한다. 진실한 기록만이 역사의 뜨거운 심장을 살려낼 수 있다.

지금도 군사정권의 정당성을 확보하고 굳히기 위해 아류를 자처하는 정치인들이 집단저으로 결연하여 군사정권의 경제 개발 정책을 비호하면서 정치적 기반을 조성하려는 미친 광기를 드러내는 정치인도 있으니 이제는 냉엄한 역사의 칼로 오욕의 치적을 단죄하여 후손에게 물려줄 당당하고 진실한 역사 기록의 탑을 쌓아 나가야 할 것이다.

권력은 성공하면 정당하다고 하는 논리는 이제 역사의 무대에서 사라져야 한다. 뚜렷한 정책의 비전도 없이 과거의 때 국물을 국민에게 마시게 하면서 민족의 지도자로 자처하는 망국적인 썩은 줄기를 자르고 국가를 위해 목숨을 불사하는 위대한 지도자의 출현을 맞이할 준비를 마쳐야 할 것이다.

05
정치검찰에게

정치검찰은 정의를 수호하는 검찰이 아니다.

수명이 다한 배터리와 같은 쓰레기에 불과하다. 법 정신을 가슴에 담고 검사가 되었다면 어찌 공정의 정신을 내려놓은 채 정의를 살해하는 정치검찰이 되어 국가의 기강을 능욕하고 법 정신의 순결을 짓밟는 만고의 역적 같은 범죄를 저지를 수 있겠는가! 국민으로부터 부름을 받은 권력을 공정하고 정의로운 법치 국가를 세우는 데 사용하지 않고 사역의 심부름꾼이 되어 거룩한 정의의 시녀에게 간통을 하는 수치스러운 업을 지을 수 있다는 말이더냐?

공정과 정의는 그대들의 숨결이요 심장이거늘 어찌 백토 대간에 이르러 오욕의 기록으로 남아돌 짓을 스스럼없이 자행할 수 있다는 말이더냐.

자신에게 권력을 준 살아있는 국민의 심장에는 절망의 암수를 날려 죽이려 들고 잠시 머물다 사라지는 권력의 눈에 들어 입신양명하고자 화려한 색동옷을 입고 권력자의 마당에 나와 암생이 춤을 추고 싶었는가!

정의는 곧 국가이며 국가는 곧 국민이다. 국가의 인권은 땅에 떨어트리고 눈물로 세월을 이고 살아가도록 방치하면서 수없이 많은 목숨을 파리채로 죽여 버리듯이 자행한 너희 정치 검찰은 두고두고 역사의 반역죄로 다스림을 받을 것이다.

하여 나는 정치검찰에게 다음과 같은 시 한 수를 내리니 얼음장을 뒤집어쓴 심장같이 그대 심장에 시를 새기라.

만고의 역적들

정치검찰 아서라

도둑놈은 너희들

국민세금 털어가

목숨부지 하면서

국민인권 겁주고

검찰정의 까지마

기소봉사 하라니

권력감투 쓰고서

공포한국 만들고

정치권력 키우니

국민위한 시녀는

위장전술 표어냐

검찰개혁 두려워
난리난리 개난리
위법안한 검사들
하나라도 없다면
열손가락 장짖게
접대받고 돈받고
청탁수사 안한놈
어디있음 나와봐

정의사수 탈쓰는
인간말종 패거리
미친놈이 아니면
나라주인 국민을
죄만들어 가두고
진실규명 뒷전에
허세권력 부릴까

검찰개혁 안하면
국민모두 후회니
국민권력 나서서

혼쭐한번 내주세

공정저울 고장난

검찰탈선 놔두면

국민향한 공갈단

세력득세 키워서

자손만대 대대로

정의탈선 이어져

나라기강 없다네

법대로라 하지만

지네편만 위하니

검찰들아 들어라

너네들은 절대로

정치인이 아녀야

주제넘게 나서서

설치지좀 말아라

디리법전 파고서

딸딸딸딸 외우고

그딴권력 잡으면

너도나도 하겠다.

크게한번 외쳐봐

우리들은 봉사자

국민위해 일하세

우리들은 봉사원

정의책임 지키세

검은제복 입고서

도둑행사 그만혀

얼굴낯짝 열올라

개소리라 여기고

날붙잡아 가려든

언제든지 잡아가

주리틀고 잡아도

이소리는 할거여!

정신차려 놈들아

세상인심 성나면

부랄차고 땔거다.

옷벗고서 나오면

어다쓸고 쯔쯔쯔

너그들이 설쳐서

시상인심 흉한거

삼척동자 다알아

도둑질은 다하고

못된짓은 다하고

정의심판 우습다

공정정의 안하면

그자리에 앉지마

정치검찰 너희들

권력위해 일하고

국민위해 안하면

직무위기 뺨칠겨

권력놀이 판치니

별놈들이 나서네

이놈저놈 권력자

이리저리 해먹고

국민들은 봉이냐

정치검찰 허덜마

한국애국 대표자

검찰들이 아니야

한국정의 대표자

검찰들이 아니야

특권의식 옷벗고

피눈물을 흘린자

더이상은 없게해

불평등한 법집행

눈물바다 없이해

억울한일 그만해

진실앞에 집결해

정치의 왕도(王道)

06
리더는 가만히 있지를 않는다

역사의 리더는 가만히 있지를 않는다.

역사의 지도자는 멈추어 서지 않는다.

역사의 지도자는 오늘도, 내일도 출발 선상에서

길을 걸어간다.

매일 새로운 출발이요.

매일 자신을 새로운 세상으로 이끌어 간다.

그는 새로운 생각과 말을 하고 설계를 하며,

새로운 세상을 만드는 데 초석을 자처한다.

생각이 멈추어 서지 않은 지도자는 언제나 새로운 설계와 비전을 내어놓는다. 정책을 놓고 난상 토론을 벌이느라 열띤 목소리가 크다. 대의를 위해서는 개인적인 소신과 정당의 이익을 과감하게 버릴 줄을 안다.

그는 언제나 역사의 아침마당을 떠날 줄을 모르고 국운이 기울면 개인의 운명이 기우는 것처럼 가슴 아파하고 기민하게 행동을 한다. 해법을 찾기 위해 고민하며 대책을 마련하기 위해 사익을 버린다.

진정 그대들이 국민을 위해 일을 하려고 한다면 밤을 새우며 고민하는 시간여행을 해보기 바란다. 나라의 안위가 걱정되어 식음을 전폐하는 노숙자가 되어 보기를 바란다. 역사가 숨결이 가쁘고 안정을 이루지 못하고 표류하는 선박같이 위기가 춤을 추는 것은 정치인이 지켜야 하는 제몫의 의무와 책무를 다하지 않기 때문이다.

독자분들이 글을 읽어 내려가다 보면, 왜 지금까지 정치인들이 정치 개혁을 하지 않았는가! 의아한 생각도 들 것이다. 정치 개혁이라는 말과 구호가 왜 지금까지 달성되지 않고 전시적 구호로서 존재하고 있는가!

정치 개혁이란 정치가 국민을 사랑하고, 행복하게 하려는 의지와 신념을 가지고 있으며, 이러한 신념이 정당의 당권에 의해 넘어지지 않으며, 꿋꿋하게 소신을 펼쳐 낼 수 있느냐 하는 양단의 결단에 딸린 문제이다.

국민을 사랑을 하고, 국민을 행복하게 해주는 정치! 이것이 정치 개혁이다. 이렇게 단순한 변화가 더딘 것은 정당이 존재 이유를 당권이나 정권 창출에 두고 있기 때문이다.

정치인이 창조적인 마인드와 현실적인 조화를 이루어 어디를 가더라도 행복한 대한민국을 만들겠다는 소신이 날개를 달고 동방의 푸른 창공을 날아오를 때 그때가 바로 민족이 위대해지고 국가가 위대해지는 시대를 맞이할 수 있다.

현재 정치 현실은 마땅한 책임의 옷을 벗어버렸다. 국민 앞에서 부르짖던 정치 개혁은 온데간데없이 사라졌다. 국민을 위해 앞만 보고 달려가겠다는 정치인은 하나둘 정치의 일선에서 쓸쓸히 퇴장을 하고 있다.

국민의 권리를 대신해서 세워진 국회의원들이 국민의 권리가 아니라 정당의 권리를 추종하고 따르다가 제대로 입법 활동은 하지 못하고 쓸쓸히 퇴장을 해야 하는 것이 오늘날 대한민국의 국회 모습이다.

리더가 있는 국가는 성장하게 된다. 진정한 리더가 있는 나라는 부강하다. 국민만 생각하는 리더가 많은 나라는 혼란의 정국을 맞이하지 않는다. 나라가 흉흉한 것은 리더를 꿈꾸는 사람들이 제대로 책무를 다하기 때문이다.

우리나라 정치의 현실은 언제나 같은 혼란과 다툼과 고성과 비난과 분열과 이 다섯 가지의 과를 벗어나지 않는다. 정권이 바뀔 때나 치맛자락을 붙잡고 바짓가랑이를 붙잡고 물귀신 작전을 단행한다. 흔한 전법이고 단수가 낮은 전술이다. 개량된 것이 전혀 없다.

매일 그 자리에 오줌을 누는 술주정뱅이 아저씨이거나 마치 농사꾼이 밭에 나가서 하는 일처럼 같은 똑같은 방법인 것이다. 어찌 이곳에 미래가 있을까!

나라를 부강하게 만들고 통합의 시대를 여는 일꾼이 되겠다고 구국의 땀방울이 흐르는 열띤 연설로 대중의 마음을 흔들어 놓았던 위정자들께서 하는 방식치고는 너무나 더티하고 아동틱하여 웃음 반 눈물 반이 되지 않을 수 없다.

국회의원 하는 일이 이거라면 나도 한번 해보고 싶다. 내가 해도 그들보다는 잘할 수 있겠다. 이건 내 생각이 아니라 국민이라면 누구라도 이러한 생각을 할 것이라는 말이다.

이런 수준 이하의 망국적인 정치 행위는 이제 그만하는 것이 옳다. 국가의 리더가 되기 위해서는 우선 정책에 눈이 밝아야 한다. 선견지명은 말할 것도 없고 미래를 내다보는 혜안과 통합적인 산술능력도 필요하다.

세상이 어떻게 흘러갈 것인가! 하는 예측능력이 없이 어떻게 국민의 생명을 어깨에 메고 그 장대하고 엄중한 역사의 수레 바퀴를 굴려서 갈 수 있겠는가!

무엇보다 사익에 눈이 멀면 안 된다. 가고 싶어도 가지 못하는 늪과도 같은 길이 되고 만다. 입으로 정의를 외치고 민족의 장래를 외쳐도 그저 말은 허상 속의 메아리로 공중에 살포되고야 만다. 국가의 리더는 국가를 사랑하는 마음과 국민을 사랑하는 마음이 차고 넘쳐야 한다. 아니 차고 넘치는 정도가 아니라 넘치고 넘쳐서 흘러 산하를 적시고 한강을 흘러 바다로 가야 한다.

효도가 만행의 근본이듯이 정치는 나라를 사랑하는 마음이 기초가 되어야 한다. 그러한 사랑이 자신의 마음을 굳히고 사익에 대항하여 자신을 지키며 공동의 목표 아래 집결하게 하고 일신의 영달을 멀리하게 한다.

공익이 아니면 움직이지 않으며 옳다고 하는 일은 죽기를 각오하고 지키게 된다. 불편부당한 불의에 맞서는 담대한 용기와 근절해야 할 사안에 대해서는 무엇보다 앞서서 달려가 불의와 맞서 싸우는 것이다.

사당화된 국민의 여론에 휘둘리지 않으며 오랜 영달을 꿈꾸지 않기에 한순간이라도 역사에 기여한 바 있고 후진을 위해 물러나야 할 때가 온다면 기꺼이 자리를 내주는 배려도 있다 영구적인 권력에 일신의 영달을 찾고 누리고자 하는 것이 아니니 언제든지 역사의 뒤안길에서 자신의 또 다른 역할을 묵묵히 해나가려는 자세를 가진다.

그러기에 어느 당이 정권을 잡는 것이 어떤 인물이 정권을 잡느냐가 중요하다는 사실을 알기에 당의 복종 자가 아니라 당을 변화시키고 시대의 부름에 부합하는 당을 만들기 위해 헌신하고 애씀을 잊지 않는다.

당에 헌신해서 역사에게 누가 되고 오욕의 기록을 갖느냐 당의 입지는 약화될지언정 국민들로부터 사랑과 존경을 받는 길을 택하려는 마음이 진정한 정치 리더인 것이다.

정치만이 애국을 하는 시대는 지나갔다. 정치 일선에서 국회의원 금배지를 달고 호령을 해야 나라를 사랑하는 신념을 실천할 수 있는 것은 아니기 때문이다.

어디서 무엇을 하든지 애국의 마음이 불살라지고 뜨거운 가슴이 온종일 울렁거리는 그 사람이 이 시대의 지도자이며 리더인 것이다.

국회의원 하면서 정당의 아류로만 임기를 마칠 바에는 정당을 버리고 오직 국가 앞에서 헌신하고 희생을 하려는 사생결단의 정신을 무장하고 길을 가는 것이 마땅하다.

조국은 입신양명의 추종자를 리더로 세우지 않는다. 나라를 사랑하는 마음이 들판의 오곡백과처럼 누렇게 익어서 황금빛 물결을 이루는 대아의 정치인을 요구한다. 소속정당의 틈바구니에 끼여서 민족을 동서로 사분오열시키고 혼란을 부추기면서 정치적 이익을 얻기 위해 주판알이나 굴리는 사람이라면 지금이라도 당장 금배지를 내려놓고 의사당을 걸어 나와 다른 생활 일선에서 열심히 일을 하면서 국가에 공헌을 하는 것이 더 멋지고 보람된 일이다.

애국이 기초가 돼서 국회에 입성한 사람은 부끄러움을 아는 사람들이다. 그래서 스스로 욕된 일을 하지도 않고 욕된 짓을 일으 킨 자들과 손을 잡지 않는다.

그의 마음속에 국민에 대한 사랑과 안위가 담겨 있고 구국의 결 단이 퍼렇게 살아서 꿈틀거리는데 어찌 그가 걸어가는 길이 타당 하고 의롭지 않겠는가!

국회는 국민이고 국민은 국가이다. 모든 권력은 국가의 것이며 국가의 주인은 국민이다. 따라서 국민의 부름을 받고 공직에 근무 하거나 공적 업무를 하달받은 사람들은 국가의 녹을 먹으니 국민 의 살을 발라서 먹는 일과 다르지 않기에 국민을 받들고 존중하는 것은 세상의 이치뿐 아니라 하늘 법에도 상통하는 행위인 것이다.

국민이 상전이라는 말. 장기판의 졸로 생각하던 정치인들은 가슴 이 뜨끔할 것이다.

장자의 길은 의의 길이요 대천명의 가족을 어깨에 둘러메고 길 을 가는 자이다. 가는 길에는 자연이 주는 풍랑과 벼락을 만나고 신묘막측한 변화를 거듭하는 역사가 내리치는 장매가 있다.

역경이 다가와 민족을 수난 속에 매몰시키기도 하고 소신을 가로 막는 태풍이 몰아칠 때도 있다 어둠의 장막을 지나서 역사를 두 동강 내는 시련이 닥치기도 하고 예기치 않은 역풍이 불어와 새로 운 역사의 지평을 막아서는 불운도 닥칠 때가 있다.

의롭다 일컫는 말에 재갈을 물리는 치욕스러운 일을 당할 때도 있고, 가장 미천한 자와 가장 큰 자간에 놓여 강자보다 약자의 손을 들어주는 양간의 소신을 택해야 하는 묘한 순간도 다가온다.

위대한 역사는 거짓과 진실을 선택하고 옳음과 불의를 선택해야
하는 과정 속에서 파란 싹이 트고 자라는 생물과 다르지 않다. 의
의 마음을 먹으면 의로운 국가가 되고 사익에 눈먼 자들의 마음을
먹으면 사익이 춤을 추고 수단이 정당화되는 그야말로 천지조화가
서로 엉켜서 피를 부르는 싸움판 같은 생지옥이 되고 만다.

대중의 삶은 리더의 빛을 따라서 움직인다.

그들 시민의 삶은 오직 하나 법 앞에 평등하고 존엄한 인권이 공정하게 지켜질 때 비로소 존재의 자화상은 완결이 되고 시민의 삶은 안정된다. 인권은 법보다 우선된 존엄성의 가치를 지녀야 한다. 이것이 천부적 인권의 시작이고 사회성의 시작이다.

리더는 바로 이와 같은 인간의 인권이 사회 존속의 가치로서 기본을 조성하는 데 총력을 기우려야 한다. 저마다 인간의 인권이 모든 법률 앞에 제도 앞에 우선되는 사회 시스템을 정착시켜 줄 때 비로소 정부의 정책은 완성이 되며 불안하지 않은 시대상을 만들어 갈 수 있다.

민중봉기는 다분히 배가 고파서가 아니었다. 국가가 헌정 질서를 무너트리고 만인의 평등권인 법을 유린하는 행위가 잦아지는 가운데 발생했다. 인간은 빵으로만 사는 것이 아니라는 절체절명의 외침은 바로 국가가 인간의 인권에 대해서는 어떤 지침을 정하고 나아가야 하는지 분명한 방향성을 제시하는 항거의 목소리다.

아무리 잘사는 나라라고 해도 인권이 보장되지 않는 사회는 미개한 국가다. 물질의 풍요와 인권의 성장 수치는 함께 상승될 때 그 나라의 내정은 안정되고 국민의 행복은 보장이 된다.

미국이 혼란스러운 때는 하나같이 인간의 인권을 침해한 사건이 발생했을 때다. 의외로 인간은 배고픈 것에 대해서는 인내하는 시간이 길지만 인권이 침해를 당하는 사안에 대해서는 즉각적으로 반응을 보인다.

그만큼 인간은 자신도 존엄한 존재임을 각인하고 살아간다는 사실을 증명하고 있다. 통치자는 인권의 사각지대는 없는지 살피고 또 살피는 일을 멈추지 않고 해야 한다. 어떻게 하면 국민을 잘살게 하느냐는 고민을 함과 동시에 어떻게 하면 국민이 만인 앞에 평등한 삶을 살아갈 수 있는지를 살펴야 한다. 만인이 법안에 평등할 때 비로소 국가의 존재는 성립이 된다.

이것이 국가 권력을 쥔 정치인들이 먼저 해결해야 하는 중대한 책무다. 이는 법을 다루는 법관이나 검찰 그리고 경찰, 법무부, 행정집행교도소, 변호사 등이다. 이들이 처리하는 모든 업무가 인간의 인권을 소중하게 여기고 있느냐에 따라서 국민의 행복에 대한 가치도 결정이 되고 불행도 결정이 된다.

집행권자들의 맹점은 자기들의 업무가 국민의 삶의 행불행에 지대한 영향을 준다는 사실을 망각하고 있다는 점이다. 대다수의 공직자는 직무 유기를 하면서까지 인권을 침해하는데도 그러한 해침의 심각성을 체감하지 않고 직무를 수행한다는 사실이다.

법률적인 직무 유기조차 해당 공무원이라는 직위를 이용하여 책임 면탈을 삼고 있다. 특히 교도소는 개혁의 주된 대상이다. 그런데 정권이 바뀔 때마다 교도소는 개혁이 이루어지지 않고 있다. 그들은 담 안에서 썩을 만큼 썩었고 구태의 낡은 지배적 사고에 젖어 있다.

직무의 지배적 사고란 처음부터 죄인을 다스린다는 자가당착에 빠져 인권은 안중에도 없다는 사실이다. 담 안에 갇힌 성의 성주가 벌이는 놀라운 인권침해 사례는 평생을 들어도 다 듣지 못할 만큼 해괴하고 치밀하며 악랄하고 비겁하다.

대다수 그들은 거짓말에 능수능란하고 죄인을 사람으로 보지 않는 특수한 광학렌즈 사고를 가지고 있다. 대우를 받으려면 유영철처럼 사람을 죽이고 오라고 말한 어느 교도관의 말을 나는 지금도 잊지 않고 있다.

그의 외침은 그가 인간이 아니라는 사실과 교도소의 직무가 어떻게 이루어지고 있는지를 여실히 보여주는 대목이다. 인간은 누구나 죄를 지을 수 있다. 그러한 불안전성에 기대서 범죄를 반복한다고 해서 집행의 과정에 인권침해를 당연시한다면 법이 인간의 인권보다 소중하다고 하는 논리가 나오고 악법도 법이라고 하는 거짓 논리가 성립되는 것이다.

교도소 안에서 수용자를 괴롭히고 스트레스의 대상으로 삼아 가두는 교도관은 아직도 수두룩하다.

죄인은 누가 죄인인가! 태형의 형벌을 받고 집행을 사는 한 이미 그는 죄인이 아니다. 인간의 인권은 사상, 주의, 직업, 출신, 학벌, 연고, 연령에 구애치 않고 돌아가야 하는 당당하고 평등한 제 몫의 존엄성이다. 인간의 인권을 마음대로 조종하고 침해해야 할 권력을 가진 자는 아무도 없으며 있어서도 안 된다.

교도소는 변해야 한다. 혁신을 통한 개혁이 이루어져야 한다. 그리고 아직도 죄인을 다스린다는 절대 권력자의 횡포 근성을 키우고 있는 일부 교도관들은 법의 냉엄한 처벌을 받던지 국가의 녹을 먹고 일신의 영달을 추구하는 공무원이란 신분을 국가에 돌려주기를 바란다.

그들은 사람이 죽어 나가는 것쯤은 아무렇지도 않게 생각을 한다. 교도소는 은막의 잔치를 벌이느라 영상을 없애고 증거를 없애며 불리하다 싶으면 거짓을 진실로 둔갑을 시키는 일은 정치 구단처럼 잘도 해낸다. 그들은 갇힌 곳에서 왕을 꿈꾸는 악마의 노예와 같은 자들이다. 나는 누구보다 이들에게 인권침해를 당한 기록을 가지고 있다.

이러한 문제를 들고나오면 그들은 이렇게 즉각적으로 반응을 보인다.

"정신과적인 치료를 받았으며 교도소 질서를 문란하게 하였고 정상적인 삶을 살아갈 수 있는 성향이 없이 공격적이고 폭력적이어서 관리 시설에 구금하였고 때마다 살피고 살펴서 어떠한 인권 침해를 한 사실이 없습니다."

그들은 임의적이거나 사실을 숨기고 자신들이 유리하도록 작성을 해서 행정 처리를 해놓고 추후 문제의 소지가 없도록 치밀함을 드러낸다. 그러니까 그들은 진실에 의거한 공무 집행을 하는 것이 아니라 거짓 기록을 통해서 정당성을 확보하는 데만 혼신의 힘을 쏟아붓기 때문에 교도소의 순기능을 다하지 못하고 있는 것이다.

교도관으로부터 일방적인 피해를 당해도 법 앞에 불려 나가면 피해자로서 보호를 받지 못하고 가해자는 공무원이라는 신분을 이용하여 면탈을 삼고 법망을 피해 가는 사실을 목격해야 하는 이중고의 고문을 당하기도 한다. 수용자는 억울하고 또 억울한 일을 연이어서 당하고도 아무런 대응을 하지 못하는 경우가 허다하다.

나는 그들에 의해서 정신적인 충격을 받아 우울증을 앓게 되었고 강제로 정신치료 교도소에 수감이 된 적이 있다. 물론 2개월 만에 정말로 강직한 의사를 만나 악마의 병동에서 탈출할 수 있었다. 그분은 진정한 박애주의를 실천한 사람이다. 인간의 인권이 왜 소중한가를 알려준 사람이다.

"이찬석 수용자님은 지극히 정상입니다."

"너무 교도소 행정에 반기를 들지 마세요."

"대드니까 이리로 보낸 것 같습니다."

인간의 운명이 한낱 자신들의 권위를 지키고 남용하기 위해서 벌이는 인권침해와 집행이 얼마나 치졸하고 잔인한가를 알 수 있을 것이다.

나는 인권을 침해당하는 과정에서도 접견이나 기타 업무로 문을 걸어가서 문을 개방해야 하는 과정이 과중한 업무가 된다는 생각에서 근무지에서 자동으로 문을 개폐하는 방안을 제안하였고 현재 내가 제안한 방안대로 자동개폐식 문을 설치함으로 교도관의 직무 환경을 개선한 공을 남겼다. 그러나 이들은 수용자의 제안조차 아무런 상을 주거나 가출옥의 심사대상으로 정하지 않았고 이러한 사실을 통보해 주지도 않았다. 그들은 국민이 세금을 걷어서 녹을 주고 타당한 직무를 하라고 명한 국민의 민복일 뿐이지 직분을 이용하여 권력을 휘두르는 사람들이 아니다.

직무를 벗어난 모든 직위 권한 이탈은 국민을 괴롭히는 권력이다.

나는 교도소의 인권침해 환경이 바뀌어야 한다는 신념을 가지고 있다. 그들의 행정은 구조적으로 인권을 침해하는 시스템을 가지고 있다.

위 사안에 대해서는 작가로서 시민단체 수장으로서 실질적인 대안을 수립하여 별도로 '은막 속의 저승사자들'이라는 제목의 책을 출간하려고 한다.

이러한 생각을 구체화시킬 수 있었던 것도 문재인 정권이 들어서서 인권을 중시하는 문화가 정착되어 가고 있기 때문이기도 하다.

이제 교도소는 마지막 개혁의 대상이다. 나는 교도소의 개혁을 위해 그것도 온건한 개혁이 아닌 전반적인 혁신적 개혁을 단행해야 인간의 천부 인권이 골고루 지켜지는 시대를 맞이할 수 있다는 생각을 가지고 있다.

논의의 전개가 다소 빗나간 감이 없지는 않으나 인간의 인권을 중요시해야 한다는 점을 강하게 부각을 시키다보니 한때의 경험을 밝히게 된 것을 독자에게 양해를 구한다.

인권의 보장은 국가 존립의 기초이면서 사회성의 기초이며 국가와 법이 보장해야 하는 의무이다.

대한민국 헌법 제10조

모든 국민은 인간으로서의 존엄과 가치를 가지며, 행복을 추구할 권리를 가진다.

국가는 개인이 가지는 불가침의 기본적 인권을 확인하고 이를 보장할 의무를 진다.

세계인권 선언문은 이러한 맥락에서 같은 뜻을 품고 있다.

자본주의의 양극화, 이로 인한 차별적 요소를 극복하고 상대적 박탈감으로부터 벗어나 공동의 삶터에서 연대 상생의 조화가 정착되도록 국가는 좀 더 세밀한 보살핌이 준비되어야 한다.

고단한 삶을 견디어 내는 것은 양육강식의 논리적 의무를 다할

때가 아니라 무엇 하나라도 인간으로서 또는 사회의 구성원으로
서 조금도 빗나감이 없이 차별적 예우에서 평등할 때 가능한 일
이다.

국회 미등원은 권리와 의무 철회

불이 꺼진 국회/ 고성과 야유가 득세하는 국회/ 국민의 권리를 찾는 일에는 더디고 자신들의 권리만을 찾는 일에는 민첩하고 빠른 국회/ 구국의 결단을 앞에 놓고 여야의 합치가 제대로 이루어지지 않는 국회/ 거리로 나아가 반대만을 위한 반대를 외치다가 입법 활동은 뒤로 미루는 국회/ 국민의 세금으로 국민에게서 월급을 타면서 국민의 권익에 대해서는 아무런 일을 하지 않는 국회/ 권모술수와 표를 얻기 위한 전쟁으로 불을 밝히고 국가를 성장시키는 전략하나 내놓지 않는 국회/국민과 서로 손잡고 국민이 필요로 하는 입법을 하나도 제대로 만들지 않은 국민 기망 국회/ 구국의 심정으로 별을 바라보면서 국민 사랑 사수라는 주제에 대해서 단 한번도 깊은 사색을 하지 못하는 국회

국회는 희망의 다리가 아니라 절망과 분열의 다리다. 그들은 한마디의 말을 잘해서 국민들에게 환심을 사기 위해 정치적인 발언만 일삼고 있다. 시대적 흐름을 관망하지 말고 모두가 국가를 부국으로 올려놓는 방안에 대하여 밤을 새워 가면서 대안 창출을 하

는 국회 밤샘 모임을 제안하는 바이다.

민의는 잠을 자지 않는다. 고로 국회의원도 잠을 자지 않는 것이 도리이다. 우리는 국회의원에게 민족의 운명을 맡겨서는 안 된다.

그들은 국회의원이라는 꿈을 이루고 나면 일을 하지 않는다. 이제 우리는 국민이 바라는 정치인의 자화상이 무엇인지 분명한 논조로 밝히고 선언을 해야 한다.

무책임한 말잔치로 고성이 난무하는 국회의사당을 나는 이렇게 정의를 내린다. 욕설장터/비난 장터/ 공격 장터/독주 장터/ 반대를 위한 반대 장터/ 국민이 없는 국회, 국민을 사랑하지 않는 국회. 국민을 위해 무엇을 할 것인가 고민하는 시간여행을 하지 않는 국회가 버젓이 우리의 입으로 권리의 대리인으로 존재하며 살아가는 한 국민이 행복한 시대와 정치개혁은 절대 다가오지 않을 것이다.

노동자가 근무지에 출근하지 않으면 이는 근무 이탈이고 미 출근으로서 월급을 받지 못할 뿐 아니라 그에 따르는 불이익을 당하게 된다. 회사에 직원이 출근하지 않으면 당장 생산 라인이 문제가 생겨서 장기화할 경우 기업의 도산으로 이어지고 이는 국가 경제에 상당한 마이너스요인으로 점화가 된다.

하물며 국가 전반의 살림을 맡아서 대행하고 있는 국회가 정치적 이익을 계산하느라 등원하지 않고 공석 국회를 만들어간다면 이거야말로 국민을 향한 폭거가 아니고 무엇인가!

어디, 나라 살림이 아이들 소꿉장난인가! 국회의원 미등원 3진 아웃제는 반드시 필요한 법안이다. 군인은 전쟁에 나가서 싸움을 하고 국회의원은 국회에 가서 필요한 입법을 연구하고 법제화하기 위해 난상 토론을 해야 한다.

국회의원의 직무지는 국회이다. 군인이 총을 버리고 근무지를 이탈하면 탈영병이 되듯이 국회의원이 국회를 떠나가면 탈영병과 다르지 않다. 국회는 정당 이익을 점하기 위한 사익의 장터가 아니다. 이익을 구하기 위해 준 전선의 별장이 아니다. 국민에게 전달해주어야 할 선물을 만드는 곳이다.

그런데 기쁨이 아니라 슬픔을, 웃음이 아니라 눈물을, 기대에 응답이 아니라 실망을 희망을 주는 것이 아니라 좌절감과 극심한 정치 허무주의를 선물로 주었다. 국민화합이 아니라 분열을, 끈끈한 통합의 시대가 아니라 분단의 시대를 선물로 안겨 주었다. 맡기는 자마다 국민에게 실망을 안겨 주었으니 우리 국민들의 실망감은 이루 말할 수 없이 크다.

나라 살림이 제대로 될 리가 없다. 모든 것이 위태하게 출발을 하고 위태하게 도달을 한다. 합의라는 말은 그냥 말로서 존재하는 정치문화. 합의 도출을 함에 있어서 국가의 유익을 안겨주는 사안이라고 해도 정당의 이익 앞에서 포기하는 국회.

이제 이들을 발본색원하여 평민으로 돌아가게 하고 두 번 다시 국회를 출입하지 못하도록 국민의 눈높이를 조절해야 한다. 국민 분열을 조장하면서 국민 통합을 외치며 국회에 등원을 노리는 정치인들은 이제 출입을 봉쇄하고 강력한 조치를 단행해야 한다.

그들은 국민의 소리를 듣지 않고 있다 아니 국민의 소리는 그저 소귀에 경 읽기 식으로 아무런 대꾸를 하지 않고 있다. 원망의 목소리도 실망의 탄식도 비난의 욕설도 그들은 아예 귀담아듣지 않고 있다. 그래서 우리는 '국회의원 직분 실천 국민 감시단'을 결성하여 언제든지 미등원 하는 국회의원은 국회 바깥으로 쫓아내야 한다.

국민을 우습게 여기는 국회의원은 정당의 하수인일 뿐이다. 우리에게는 정당의 하수인이 필요한 것이 아니라 국민의 하수인이 필요하다. 국회의원이 국민의 소리에 귀를 기울이지 않는다는 것은 국민의 언로를 막는 것이며 표현의 자유를 막는 엄연한 탈법 행위와 다르지 않다.

이제 우리는 내치를 완결하고 그러한 국민 총화를 힘으로 자연재해로 몸살을 앓고 국제적인 대재앙의 문제에 눈을 돌려야 한다. 위대한 국가는 자국의 문제를 안정시키고 전 지구촌의 문제를 해결하는 원대한 꿈을 꾼다.

인류는 엘리뇨 현상으로 지구 종말의 시대를 맞이하고 있다. 종말의 시계추는 너무나 빠르게 진행이 되고 있다. 누구나 아는 상식임에도 인류의 종말 시계는 멈추거나 더디게 가지 않고 있다. 이러한 현상은 권력자들이 개인의 이익이나 사익에 눈이 멀다 보니 소아병적이고 단견의 근시안적인 사고방식에 빠져 공동의 전선 문제에 대해서는 아무런 위기를 느끼지 않고 있기 때문이다.

09
여야 정당의 싸움

정치란 국민 화합이라는 거대한 역사적 숙제를 해결해야 하는 책무를 가지고 있다. 그런데 정치적 야욕을 위해서 동서로 갈라놓고 이질적인 정치적 아류로 줄을 서게 하고 내치를 혼란 속으로 몰아넣는 야비한 술수를 버젓이 자행하고 있다.

동서의 통일도 어려운 판에 어찌 거대한 역사적 숙제인 통일을 논할 수 있겠는가! 양당의 정치인뿐 아니라 국민 통합이 왜 필요한가를 눈여겨보거나 이를 위해 개인의 안일과 일신의 영달을 버릴 자 과연 몇이나 되는가!

이제 여야라는 단어조차도 사라져야 한다. 건전한 비판 문화를 통해서 양질의 대안이 나온다는 미명하에 극명하고 첨예하게 대립을 나섰던 결과는 오늘날 반대를 위한 반대를 일삼는 특이한 정치 지형을 만들어 정권이 바뀔 때마다 정국은 소용돌이를 쳐야 했다. 분열이 정권을 잡는 데 유리하다는 판단에서 시작된 것이지 정치 대안 마련이라는 정책 입안으로 정한 가치는 아니다.

여야의 합의체는 정당 구조하에서는 이룰 수 없는 꿈일까! 답은 이룰 수 없는 꿈은 아니다. 정당 구조의 정치적 생태계를 안거삼아 서 꿈을 이루는 수단으로 삼고 그 줄기 속에서 좀 더 평안한 기득 권을 누려가는 과정은 특정하지 않아도 어떤 정치인이든 이와 같 은 공식 내에서 정치의 길을 간다.

바로 이와 같은 보은의 혜택을 누리는 환경 속에서 길들여진 정 치인들에게는 국가의 이익은 뒤로 물러설 수밖에 없다. 아니 국가 의 이익보다 정당의 이익 앞에 집결할 수밖에 없다.

오직 나라를 사랑하는 충국의 마음 하나로 무장된 정치인이라면 구국의 결단은 나누어지지 않고 신념을 지키고 실천하는 정치 활 동을 할 수도 있을 테지만 정치 구도가 홀로 살아가기에는 사방이 벽으로 갇혀 있다. 국민은 국민대로 소수 정당이나 무소속 국회의 원은 멀리 동구 밖에 서 있는 정승처럼 취급을 하는 경우도 있다.

집단적으로 결집되지 않으면 어떤 정책도 힘을 받을 수가 없다 더욱 정당의 구조의 환경이 동서의 지역색으로 채워져 있으니 나 라 망하는 것은 한순간일 수밖에 없다.

국민에게 한 표를 부탁할 때도 건전하고 생산적인 정치를 하려 면 반대 세력에게 힘을 주어야 견제구를 날릴 수 있다는 얌생이 같은 논리로 당선이 되면 따지고 물을 것도 없이 정당의 정책에 힘 을 실어 주고 소신이 아닌 집단의 들러리에 줄을 서다가 자신의 정 책 하나 펼쳐 보지 못하고 임기를 맞이하게 된다.

사정이 이러하니 국가의 위기는 내년 태풍처럼 찾아온다. 연례행사가 되어버린 반대의 물결, 성공하면 악이고 실패해야 도마 위의 생선처럼 깔아뭉개서 정당은 정당대로 정치인은 정치인대로 입신양명의 수단을 삼아 어렵사리 정권을 잡으면 소위 국가를 위해 정치 구상을 하게 되는데 해질 대로 해진 정부 지칠 대로 지치고 도처에 상처를 받은 허물어진 건물 잿더미를 가지고 실패한 정권이 만든 위축된 국가를 재건한답시고 열을 올리게 된다.

물론 지금의 정부가 실패한 정부라고 말을 하는 것은 아니니 오해는 없기를 바란다. 만약 지금의 정부에게 온 국민이 박수를 치면서 응원을 했다면 오늘날의 혼란은 일찍 잦아들고 대한민국의 국기는 힘을 받아서 지금보다 나은 삶을 누리고 가질 수 있었을 것이다.

자기들 말마따나 실패한 정권에서 성공한 정권이 나오기는 쉽지 않다. 무너진 건물더미를 다시 세우려고 하면 엄청난 국민 혈세를 쏟아부어야 한다. 전 정부의 정책을 실패로 규정해야 입지가 서고 국민에게는 개혁을 위해 허리띠를 졸라매자고 주문을 한다.

지난 4년 동안 야당이 한 일은 반대를 위한 바람을 몰아세우는 일이었다. 꼬집고 상처 내고 허물고 비난과 욕설을 하고 끄집어 내리고 흔들고 아줌마 부대에 이어 젊은 사람들까지 거리로 쏟아져 나오게 해서 어느 한 사람도 가리지 않고 대통령을 욕을 하도록 만들었다.

도대체 무엇 때문에 그들은 노인과 아줌마들을 불러내어 대통령을 향해 욕을 하도록 만들었을까? 다른 이유는 없다 포장을 하고 가면을 쓸 필요는 없다 무슨 논리로 이유를 댄다 해도 속내는 정권 창출이다. 너희들이 하면 배가 아프고 우리가 해야 된다는 식의 독불적이고 독단적인 역사 권력의 추종 세력들이 만든 절망의 콘서트이다. 정권에 눈이 먼 위정자들이 벌인 난국을 부르는 주문이었다. 국민까지 불러들여 그야말로 총체적 난국을 부른 각설이 타령이었다.

　쌩떼 쓰기 타령은 정권 말기에 이르러서야 멈추어 섰다. 정부의 혼을 빼버리고 경제가 어려지고 삶이 고단해 질쯤에서야 그들은 반대를 위한 함성을 줄였다.

　물론 대통령을 향한 욕설도 줄어들었다. 온갖 욕을 듣고도 예전 군사정권처럼 사정의 칼을 들어서 명예를 훼손한 국민을 상대로 불호령을 내리지를 않고 묵묵히 견디어 낸 것은 바로 그 자신이 평생 지키고자 했던 인간의 인권을 소중하게 여기고 국민의 여론을 받아드리고 무서워하는 정치의 무대를 만들고 싶었던 평생의 신념을 그대로 지켜야겠다는 소신 때문이었다.

　문재인 대통령은 민주 투쟁을 해온 사람이다. 군사정권하에서 짓이겨진 인간의 인권을 지키기 위해서 교도소에도 다녀온 사람이다. 그런 와중에서도 무료 변론을 하면서 소수 약자의 권리와 이익을 대변해 왔다. 사람이 사람대접을 받는 세상을 꿈꾸던 순직하고 용맹하고 정의로운 사람이었다.

그런 두 분 중에 한 분을 이명박 정권하에서 정치검찰의 횡포에 의해서 스스로 목숨을 끊었고 이제 남은 문재인은 그의 운명을 이어가면서 오직 하나 사람이 사람 대접받는 사회를 꿈꾸어 왔다.

반대만을 일삼는 거리 누리꾼으로 화한 국민의 원성과 욕설과 비난과 입에 담지 못할 꾸중을 들으면서도 그는 자신의 권력을 사용하지 않았다. 나는 세계역사에 별 잘못을 하지 않고도 이렇게 많이 욕을 얻어먹은 대통령은 없을 거라고 생각을 한다.

아줌마 부대들이 개 거품을 물고 거리로 쏟아져 나와 문재앙이라고 외치던 이유는 문재인 정부가 공산당이라는 것이었다. 무차별적으로 살포된 가짜뉴스는 국민의 반감을 살 수 있는 가장 좋은 메뉴가 바로 공산당이었기 때문이다.

그러나 그러한 뉴스는 가짜임이 밝혀졌다. 그는 국민을 옥죄는 것이 아니라 국가의 녹을 먹고 정치를 하는 사람들의 권리를 관장하고 살펴서 그러한 권력으로 인해 상처받는 국민들이 없어야 한다는 신념을 실천하느라 다른 어떠한 것보다 강력한 권한을 행사했던 것뿐이었다.

우리나라는 설대 공산화가 되지 않는다. 그것은 국제 정치공학적인 문제이다. 힘은 팽창을 시키지만 그 힘을 폭발시키지 않은 신대결 구도에 의해 국제 질서는 흘러가기 때문이다. 싸우려고 힘을 준비하지만 정작 힘을 키우고 나면 싸우지 않는 정책은 서로가 살기 위해서 선택한 최선의 방안이다.

북한을 이용한 안보 공작정치는 구여권이 저지른 낡고 비겁한 수법이다. 그들은 반공국가를 세워 국민을 상대로 온갖 방법으로 안보 장사를 하느라 수많은 국민에게 지울 수 없는 상처를 남기었다.

반공의 이데올로기는 안보에 아무런 영향을 미치지 않는다. 그것은 분열을 조정하고 키워온 사람들에게는 불안으로 다가올지도 모르겠으나 서로 단결하고 성공한 정부를 위해 협력하는 정치인과 국민이 있는 곳에서는 아무런 동요를 불러오지 않는다.

우리는 이번에 정부를 향한 야당의 발목 잡기식 정치 형태가 국가에 얼마나 부정적인 영향을 미쳤는지를 알아야 한다.

문재인 대통령 그는 권력 앞에서 권력을 이용하려는 야욕의 본능을 이겨낸 가장 멋진 대통령으로 남아돌 것이라고 나는 예견을 한다.

10
결단 없는 정치인

   당을 위해 힘을 보태야 하는 정당 정치의 한계점을 가지고 국민을 위해 일을 하지 않는 흔적을 자성하지 않고서 그러한 이유를 언제까지 책임 면탈을 삼고 국회 개원 기간 불성실한 이유로 삼아갈 것인가!

   국민이 행복한 삶이 목표가 되는 정치가 출현해야 국민 행복 시대를 열어갈 수 있다.
   행복이 무엇인가에 대한 규정, 행복을 찾는 가치기준을 제대로 지침을 마련하면 눈앞의 가시거리에서 가슴속으로 진입해 들어와 예전보다 훨씬 너 행복한 대한민국이 될 것이다.

   국가를 위해 각자가 해야 할 의무와 역량은 사라져 가고 구국의 결단은 사익에 상처를 받으며 책임은 그만큼 가벼워지고 있습니다.

이 땅의 정치는 개인의 안일과 정당의 이익만을 위해서 그 잘난 배지를 달고 다니고 있다. 국민 정서와는 무관하게 무한 개발과 독주, 무한 이기심을 가지고 나 홀로 달리기를 하고 있다. 목적이 분명하지 않은 역사 달리기는 언제나 빗나간 채 국민의 삶은 불안한 정국의 아침으로 치닫고 있다.

정치력 부재와 책무의 일탈을 꼬집고, 현실정치의 무책임한 억압에 대해서 냉엄한 비판의 소리를 외쳐야 할 젊은이들이 정치의 아류가 되거나, 이념적인 논쟁을 일삼는 선동의 길을 앞장서는 사람이 되고 있음은 참으로 안타까운 일이다.

선진조국 창조를 눈앞에 두고 중대한 역사적인 분기점에서 열매를 맺지 못하고 좌초되는 불운을 반복하지 않고, 빛나는 도약의 시대를 열어가기 위해서는 이 땅의 젊은이들이 국민 동일체 화합의 시대를 열어 가는 데 필요한 자원이 되어야 한다.

젊은 세대가 미래 역사의 등대가 되기 위해서는 정치비평을 함에 있어, 합리적인 판단을 해야 한다는 의도를 포함해야 된다.

민심은 천심이라 했다. 국민의 마음이 하늘에 있고 하늘의 마음이 국민에게 있다는 뜻으로 안다.

여론의 역사적 중요성을 직접적으로 내포한 말이다. 백성의 뜻이 하늘과 같다는 본질적인 뜻이 함유된 말이 오늘날의 현대에 이르러 갑자기 출현한 것이 아니라 근대 이전에도 백성을 다스리는 정치의 지침으로 성행한 말임을 볼 때 수백 년에 걸쳐 역사적으로 검증받은 '만고불변'의 진리가 아닌가 한다.

나라의 정치 근본이 바로 서지 않으면 민심이 흉흉하고 불만으로 들끓으면 분명 나라에 문제가 있어 왔다. 민심은 사회적 현상을 명확히 직시하는 공론이면서 정치 현상의 반영이라는 의미를 갖고 있다. 냉정한 인식의 바탕 위에서 토론과 합의의 단계를 마친 여론이라는 말이다.

민심은 군더더기가 없는 여론의 바로미터이다. 이 같은 피부체험의 경험 여론은 정치 현상을 객관적이고, 가장 현실적으로 인식하는 과정에서 형성되는 종합적 사태 파악이기에 정치가 이러한 민의를 중시하고 기본으로 삼아 간다면 우리의 정치가 민족애민의 본위의 목적과 사명에서 이탈할 수가 없는 것이다. 여론과 반대되는 정치는 항시 민족의 역량을 하나로 결집시키지 못했을 뿐 아니라 국가의 역량 악화를 초래했고, 성장의 퇴보라는 불운한 결과를 양산해 왔다.

그러나 이와 반대로 그 국민의 속내를 두루 파악하여 정치의 나아갈 기본 방향으로 삼아 나간 정치는 국운을 융성케 하고, 민족 번영의 초석을 다지는 영광을 실현시켜 왔다. 그러기에 민심은 정치의 본이요, 스승의 교훈이며, 지표인 것이다.

오차범위가 전무한 민심은 애족의 고언이요, 온 가슴으로 바치는 충언이요, 나라 사랑하는 마음의 독백이며, 위기를 알리는 만종이요, 정치가 오직 바른길을 내달려 가기를 바라는 어버이의 타이름이다.

맑은 물과도 같고, 어머니의 품과도 같은 것이다. 이토록 혼탁하지 않은 순백의 외침을 귀담아듣지 않고 거역하는 것은 자신들의 책무를 외면하는 것이고, 역사의 위기를 반복해서 자초하는 것이다.

세계 역사 이래 위기를 자초하거나 국가가 위태로울 때 등 돌린 민심도 없었다.

대다수의 국민이 나라가 위태롭다고 하면 위태로운 것이고, 정치를 잘못하고 있다고 하면 불문곡직 이유 여하를 막론하고 크게 잘못하고 있는 것이다. 이는 역사의 거울이다. 이같이 나라에 바칠 수 있는 간곡한 충언이 또 어디 있단 말인가?

국민의 소리를 귀담아듣고 가슴을 열어 반길 때 역사의 항해는 순탄하고 안전하다. 함께 동행하는 정치는 만백성의 배를 주리지 않게 하고, 이룬 것은 더 크게 하고, 이루지 못한 것은 반드시 이루도록 하는 추동력의 극대화된 힘을 얻게 된다. 그러나 함께 동행하지 않는 정치는 이룬 것을 소멸시키고 이뤄야 할 것까지 이루지 못하게 한다. 민심과 따로 노는 정치는 길 잃은 미아와 같은 것이다.

소비자가 요구하는 가치와 욕구를 충족시켜 주지 못하는 기업은 경쟁력에서 낙오되고 소비자로부터 사랑을 받을 수가 없다. 이러한 기업은 시장에서 자연적으로 도태될 수밖에 없다.

하지만 소비자의 가치와 욕구를 제대로 파악하여 준비하는 기업은 시장에서 환영을 받는다. 세계적인 경쟁력을 갖춘 기업은 모두 소비자가 요구하는 것을 제대로 파악하고 반영한 결과이다. 이러한 현상을 볼 때 민심을 외면하는 정치와 민심과 동행하는 정치가 국가에 어떤 결과를 가져오리라는 것은 불을 보듯 뻔한 것이다.

민심은 역사의 나아갈 바를 가르쳐 주는 나침판과 같다. 그런데 오늘날 우리 정치인들은 과히 민심의 소중함에 눈을 제대로 뜨지 못하고 있는 듯하여 개인적으로 아픈 마음을 금할 수가 없다.

민심의 중요성을 알고 동행하는 정치 집단과 정치인은 그리 많지가 않은 듯하다. 국민을 받들겠다는 말은 선거 공약 때나 써먹는 허울 좋은 언약이 되었다. 말만 무성할 뿐 제대로 지켜지지는 않는 것을 두 눈 뜨고 목격하게 된다. 야속하리만치 국민의 뜻을 거역할 뿐 아니라 민의를 독살까지 자행하는, 참으로 어처구니없는 국민여론 아사의 시대를 맞이하고 있는 것이다.

국민의 소망이 수난받는 시대라는 것은 오늘의 역사가 위기의 시대임을 역설적으로 증명하고 있는 것이다. 선거가 끝나고 당선만 되면 민심은 아랑곳하지 않고 정치적 계산에 더 치중하게 된다.

동행하기는커녕 국민과의 로맨스는 지켜지지 않고, 독주를 하게 된다. 국회에 입성했다고 해도 이는 국민의 꿈과 이상 실현이 아니라 자기의 꿈과 이상 실현일 뿐이다. 정치적 역학 관계와 환경이 자신의 공약과 소신을 펼치는 데 장애 요인이 된다는 현실을 모르는 바는 아니다.

그러나 국민의 여론과 소망을 반영하고자 애쓰는 일은 정치의 기본 도의와 책무에 관계된 것으로써 정치 환경을 탓할 수는 없는 일이다. 오히려 자신의 소신을 펼칠 수 없을 만큼 정치 환경이 열악할수록 민심을 귀히 여기고, 애초 약속한 대로 소신을 펼쳐나가는 것이 구국의 지사로 몸을 던진 정치인의 바른 도리라고 생각하지 않을 수가 없다.

나는 정치인들이 민심과 열렬히 교제하기를 충심으로 열망하고 있다. 자신의 정치적 목표나 이상과의 열애가 아니라 민심과의 열렬한 교제를 통해 그 나아갈 바를 명확히 하는 정치가 되기를 바라는 것이다. 병사를 귀히 여기지 않는 장수가 전쟁에서 승리할 수 없는 것 같이 국민을 귀히 여기지 않는 정치가 발전하리라는 것은 어불성설이다.

이처럼 국민의 참된 충언이 땅바닥을 기어 다니고, 외면을 당하고 있는데 역사의 줄기가 곧게 뻗어나갈 리가 없다. '천심을 독살하는 정치가 과연 올바른 정치일 수 있는가?' 자문해보지 않을 수 없다.

귀를 닫는 정치는 독선과 아집으로 전락할 수밖에 없다. 민심을 외면하는 정치는 낙제생이 될 수밖에 없다. 민심을 죽이는 정치는 반드시 공멸하고야 만다. 만약 현대의 정치가 민심을 천대하지 않고 스승으로 모신다면 정치는 비약적인 발전을 이룩할 수 있을 것이라는 개인적인 의견을 피력해본다.

정치인 스스로 정치가 민족의 장래를 융성케 하는 제 몫을 다하여 국민들로부터 사랑받기를 원한다면 이제라도 버린 민심을 다시 불러들여라. 죽인 민심을 되살려내라. 그리고 귀를 열고 한마음으로 민심이 하는 말을 가슴 깊이 새겨두기 바란다.

11
협업의 정치가 국민 행복을 결정짓는다

정치의 이상과 현실이 어떻게 변화되어야 하는지 얼마나 변화를 이룰 수 있는지를 파악하려면 여야의 협치 문화를 들여다보면 알 수 있다. 협업이 안 된다는 것은 고질적인 분열의 고리가 깔려 있다는 사실을 말한다.

여야는 모두가 정권 재창출이라는 목표를 두고 가기 때문에 지지자들 사이에는 우리가 모르는 이분법적인 정치 이념 양극화가 심화되고 심지어는 대화의 문을 닫는 적대적인 감정이 쌓이는 것을 보게 된다.

여야는 어느 때건 대화를 나눌 수 있는 채널을 열어 놓아야 한다. 때로는 말도 안 되는 안건도 상정을 기다리게 됩니다. 국회에서 만든 법은 말이 안 되는 것은 하나도 없다. 입법 활동은 그 자체로서 신성한 일이기 때문이다.

각기 정치를 하는 사람들이 정치력을 한데 모아 협업을 이루면서 국민 모두 행복한 시대를 열어가는 데 희생할 수 있을까? 국민을 사랑하고 국민이 행복한 세상을 열어간다면, 우리의 정치는 조석으로 분란과 혼돈을 반복하지는 않을 것이라고 생각해 본다.

자신의 정치적인 역량이 구태 속에 빠져 진보적 사관을 멀리하고, 안으로 나태와 안일 속에서 양육되고 있는 것은 아닌지 살피고, 성찰해야 할 것이다.

정치인들이 어느 정도 고민하고 있는지를 평가하고, 젊은이들 스스로 현실정치에 참여하여 자강의 변화를 통해 새로운 시대를 열어보겠다는 정치적 꿈을 가진 사람이라면, 한번쯤 가까이 살펴봐도 되는 교본 같은 것이다.

국민이나 정치인들이 선진 문명도약을 향한 국민 정치를 이루려는 꿈을 갖고 있다면, 본문의 내용을 참고해볼 만하다. 그만큼 이상적인 대안을 담아내고 있다.

단순히 정치적 조언이나 불만을 내뱉는 책이 아니라 문제 해법의 불을 지피는 예리한 성찰의 시간여행을 이끌면서 냉철한 정치 해부 작업을 이룰 수 있게 돕는 책이다.

12
문제를 기피하는 정치인

　문제를 앞에 두고 해결하려는 의식적인 자각능력, 해결방안을 찾는 노력이 정치가 나아가야 하는 본이요, 타산지석으로 삼아야 하는 성찰 정치시대를 여는 정치 선언문이라고 평하는 것이 옳다.

　몸을 던져서 의를 구하고, 희생하여 국민의 삶을 행복하게 하려는 사람이라면 진정한 의미에서 정치인이라고 할 수 있다.

　그러나 현재 국회의원들은 국민의 곤고해진 현실과 불안한 앞날을 개선하고, 공익의 가치를 실현하기 위해 희생 앞에 서는 것이 아니라, 자신들이 설정한 집단의 공동의 목표, 즉 정권 창출이라는 정당의 목표만을 위해 달려가는 조직의 구성원밖에는, 달리 그 역할을 해낼 수가 없는 한계점이 있다.

　이제 정치인들이 국민을 아낀다는 목표는 방향을 잃어버렸고, 굳은 각오는 입을 통해 나서자마자 일회 선거용 말잔치가 되어 회

석되었고, 아무런 유익을 가져다주지 않는 공염불이 되는 현상을 반복하고 있는 실정이다.

정당의 이익을 대변하는 구성원으로서 임무를 전제로 깔고 살아가는 의원이나, 정당은 이념적 목표 아래 집결한 독재 하수인밖에 되지 않는 현실을 타개하려면, 국민이 정치의 이념적인 노예가 돼서는 안 된다는 사실이다.

비열한 정치! 성장하지 않는 정치! 구태를 반복하는 정치! 우리 국민은 이러한 정치에 긴 한숨을 내쉬고, 비난을 일삼거나, 땅을 치며 곡을 하고도, 정권교체의 시대가 오면, 반복된 실망의 잔치를 쉬지 않고 열어가는 것을 볼 수 있다.

그것은 정치인과 정치꾼의 정치를 이용하는 자들이 판을 치는 현실! 정당 구도를 벗어날 수 없는 지형을 가지고 있기 때문이며, 친인척과 학연, 지인들을 내세운 전략에 휩쓸리지 않을 사람들은 거의 없을 것이다.

이와 같은 현상은 국민들 누구나 정치적인 이념으로 갈라서고 있다는 사실을 여실히 증명하고 있는 것이다.

우리는 지금이라도 정치인뿐 아니라, 비정치적인 지도층과 일반

국민을 가릴 것 없이 정치의 왕도를 찾는 여행을 시작해야 할 때가
되었다고 생각한다.

13
정치가 바로 서야 나라가 산다

정치가 바로 서야 국민이 바로 서고, 국민이 바로 서야 정치가 바로 선다. 정치가 비리와 부정으로 얼룩이 지고 자기 책무의 한계점을 드러내고 있는 상황은 미래를 매우 불안하게 전망하도록 부추기고 있다.

정치는 국민 위에 군림하려는 권위적인 본능과 권력화된 생물적인 본능을 가지고 있지만, 반대로 국민의 눈을 무서워하는 상황인식을 갖고 있다.

국민을 부시하거나 군림하려 하면, 국민의 집단적인 저항이 정권까지도 무너트릴 수 있다는 결집의 힘을 잘 알고 있다.

극렬한 항거 정신으로 무장한 사람들이 지금의 국민이라는 점을 위정자들은 너무나 잘 알고 있다. 그럼에도 불구하고 정치는 대놓고 국민을 기망하지 않지만, 온갖 편법과 술수를 사용하면서 국민

의 눈을 속이고, 가슴속에서 타고 있어야 할 희망의 등불을 앗아
가고 있다.

이러한 정치쇼가 한창 진행되는 시점에서 우리 국민들은 정치개
혁의 분기점을 제대로 만들어 내지 못했다.

역사상 보기 드물게 국가원수를 탄핵으로 끌어냈다. 국민심판
을 치르고, 부정부패에 맞서는 투철한 시민 항거 정신으로 무장한
채 부패한 정권을 심판하는 위대한 징벌적 역사의 심판을 스스로
나서서 행했지만, 그것으로 끝이었다.

위대한 결집의 항거정신, 위대한 시민의 대단결정신, 역사적인 심
판을 내리는 데 있어서 권력의 눈치를 보지 않는 성숙하고 강인한
시민정신은 이제 사라지고 없다.

하나로 뭉쳐서 정치의 성장을 눈여겨봐야 하고, 양육해야 하는
국민의 의무는 지속되어야 하는 과업이요, 책무이다.
그러나 반대만을 위한 반대 세력과 정치적 이상을 달리하는 반
대파로 양립이 되어 혼연일체의 민족정신은 사라지고 서로에게 깊
은 상처를 안기는 분열의 시대를 맞이하고 있다.

지금까지 우리 국민은 무수한 정치인들을 선출했다. 민주화를

위해 헌신한 뛰어난 지도자를 배출하기는 했으나, 진정으로 국민의 민주사수 정신과 열망으로 들끓는, 고매하고 능력 있는 정치인들이 국민의 삶에 얼마나 긍정적인 영향을 주고 있으며, 국민의 행복을 위해서 얼마큼 조력해 왔는가를 냉엄하게 비판하거나, 따가운 회초리를 들지 못했다.

그것은 동서의 대립적인 감정과 통합의 교훈을 해체하고, 동서 간의 이질감 정치 이념의 차별성을 극복하지 못한 채 정당의 아류로 변질되어 버렸기 때문이다.

군사정권에서 싹튼 민주화 운동과 그러한 정신을 기반으로 건국한 민주 정권 창출의 기록을 빼고는, 정치가 우리의 삶에 어떠한 영향을 미치었는지를 나는 잘 알지 못하겠다.

전 민족적이고 세계사적인 자유, 평등, 인권이라는 시대사조를 거치면서 역사적인 반기와 저항을 빼고는 우리 국민도 정치인도 일류 문명도약의 시대와 전기를 마련하지 못했다고 생각한다.

정치가 맡은 역할을 제때 수행해야 하는 이유

정치는 국민의 복지 생활환경, 교육, 건강, 미래인권, 평등, 이동, 교통, 꿈. 진출. 직업. 환경, 생존, 등에 절대적으로 영향을 미치는 공공의 이익을 위한 대업이기 때문에, 우리는 정치가 그들 고유의 의무와 책무를 벗어나지 않고, 희망의 꽃을 피워내는 작업을 하도록 지켜봐야 한다.

엄밀히 따진다면 국민의 비평이 바르게 성립이 되지 않으면, 정치도 국민의 삶과 의식도 소학교 수준보다 못하게 다시 추락할 수밖에 없다.

정치인이나 국민이나 정치에 꿈을 갖고 살아가는 사람들이라면, 적어도 현실정치의 방향과 목표는 무엇이고, 정치는 역사를 위해서 무엇을 해야 하는가를 파악하고, 비평할 수 있는 합리적인 안목을 가지고 있어야 한다.

정치인과 국민이 해결책을 찾기 위해 고민하고, 비평하고, 냉엄한 성찰을 할 수 있을 때, 비로소 합리적인 비평과 결과를 얻는 역사 인식의 사상적 고민은 시작될 수 있다.

역사는 모두가 주인이고, 모두가 문제를 해결해야 하는 학생이라고 생각한다.

자신의 정치 철학이 역사의 발전과 추동력에 긍정적인 영향을 주고 있는지를 파악하여 끊임없이 정도를 걷지 못하고, 표류하는 정치력 부재에 일침을 가하고자 한다.

15
혁신의 마당에 서라

혁신의 길을 택해놓고 선택에 주저하면 그조차

과거의 유물이다.

결단은 과당성과 신속한 선택을 요구한다.

언제나 선택이 늦은 자는 결과도 늦기 때문에

우리가 꿈꾸는 세상은 언제나 더디 오고 오더라도

곧 침몰하거나 뒤뚱거리는 현상을 볼 수 있다.

    부산을 가고자 하는 자가용이 기름을 넣고서 달리지 않고 멈추어 선 채 언제 떠날 것인가! 시기를 정하지도 않고 뜸을 들인다면 그에게 부산은 단지 꿈속에 있는 도시이다. 이와 같이 우유부단함 때문에 현실개선의 대안 마련은 언제나 힘들고 사투 어린 탐색이 필요하다. 현재는 이미 사용해 버린 어둠 속의 잔디를 향해 침몰해 들어가고 있습니다.

    정치인이라면 만성적인 질병으로 치닫고 있는 우리나라의 정치를 가장 선진 문명적으로 만들어나가는 데 헌신을 해야 한다.

누구나 국민의 행복을 격상시켜야겠다는 사명감에 가슴 뜨거운 노력하는 정치인이 많아질수록 우리 자신도 모르는 사이에 우리 사회는 지금보다는 더 많이 행복할 수 있는 이유로 넘쳐날 것이 분명하다.

상승의 기운이 들판의 모래알같이 돋아지고 결실의 땀방울이 사방에 튀어 올라 목마른 산야를 적시듯이 우리가 갖고자 하는 미래의 희망은 우리 모두의 삶을 통해서 행복할 수 있다는 확신을 제공해주는 세상이다.

우리의 미래는 불안한 세월의 하나일 뿐이다.
쓰러져 가는 쪽방촌에서 재개발이 시작된다.
가망 없다고 버린 땅에서 푸른 열매가 열린다.

당신과 내가 하나가 된다면 우리는 두 개의 성공문을 열어가는 선택이 된다.
당신은 실패의 다리가 어디를 가는 다리인지 알고 있는가? 그것은 바로 성공을 걸어가는 다리다.
한번은 쓴잔을 들이켜야 삶의 진미를 알 수 있다.
넘어진 사람들이 다시 일어설 수 있는 사회건설을 만들어 가야 한다.

16
그것은 꿈이 아니다

일신의 안위를 따지기보다 공기의 역할을 바라보면서 아침을 열고 저녁을 맞이하는 정치인의 출현, 그것은 꿈이 아니다.

나는 지극히 평범한 국민의 한 사람이지만 국민을 위해 혼신의 힘을 기울이는 만점짜리 책임 정치의 시대를 열어가는 데 기여하고픈 목적에서 이 책을 집필했다.

국민의 행복이 나날이 변화를 거듭하고 발전되는 대안, 정치 구현의 시대, 한목소리로 국민을 위해 무엇을 할 것인가! 고민의 등불을 밝히는 책임 정치의 완결 시대를 열어가는 데 초석을 놓는 기회가 되었으면 한다. 정치는 현실이고, 앞으로 미래로 나아가는 역동적인 추동의 역사적 발걸음이다.

역사의 책무를 받아쥐고서 그 대열을 걸어가려는 정치인들은 국민과 역사가 제공하는 권력에 안주하지 말고 대의의 심기를 일으

키고 봉사의 나팔을 들고서 국민 행복을 위해 신명 나게 일을 해
주기를 기대해 본다.

17
정치의 경영철학

　정치는 국민을 편안하게 하는 데 목적을 두고 있다. 그러나 오늘날 정치 부재는 물과 기름이 엇박자 나듯이 따로국밥이 된 지 오래다.

　당리당략으로 불협화음이 지속되는 사이 지친 국민은 점점 정치에 기대는 마음을 잃어가고 있는 것은 부인할 수 없는 실상이다. 그런 와중에 지역갈등은 물론 국민 정서 양분화 현상까지 극도로 악화되어 심각한 지경에 이르고 있다.

　정치와 국민은 떼어놓을 수 없는 악어와 악어새의 관계라 해도 과언이 아니다. 정치는 어미 새요. 국민은 새끼 새와 같은 존재다. 양쪽은 불가분의 관계이면서 서로서로 지키고, 보호해야 하는 관계성에 놓여 있는 것이다.

　국민의 사랑이 부족하면 정당은 표류하게 된다. 정치가 바르지 않게 흘러가면 국민의 삶은 불안해진다. 이와 같이 둘은 서로를 올려주고 내릴 수도 있으며 희망의 단계로 가게 하고 절망의 단계로 들어서게 하는 역할을 하게 된다.

이제 국민은 깨어나 고양이가 제대로 쥐를 잡아 곳간이 안전한지 살피고 또 살펴야 한다. 그리고 진정으로 정치가 발전되기를 바란다면 정치 이념의 하수인이 되지 말고 맡은 바 주권자로서의 책임에 최선을 다하는 국민의 자리로 돌아가시기를 진심으로 바란다.

이제는 선거철이 돌아오면 봄철에 농부들이 밭에 나가 일을 하듯이 민주시민이라면 투표권을 행사해야 한다. 농부가 밭에 씨를 뿌리지 않는다면 가을에는 먹을 식량이 없이 긴 겨울을 지내야 할 것이다.

냉철한 분석으로 선거에 한 표 행사하지 않으면 민주시민이 아니며 투표가 사라진 정치는 씨를 뿌리지 않은 논밭과 같다.

작은 소견이긴 하지만 이 책을 통해 누구나 한번은 국난을 인식하고, 정치현실을 직시해서 관심과 해법을 국민 모두가 행복한 시대를 다 함께 풀어가는 데 기여가 되길 기대해 본다.

18
미래창조당을 해부한다

    당명은 당의 미래와 현재의 역할뿐 아니라, 정치적인 소신까지 담고 있기에, 하나의 정치력을 보여주는 맞선 무대 같은 의미가 크다.

    당명은 당원들에게 당의 활동성과 결합, 단결, 자긍심을 함양하는 데도 영향을 미친다. 당의 이름을 '미래창조당'이라고 지은 것은 다가오는 미래의 시간과 역사를 퇴보시키지 않고, 정치인과 국민에게 주어진 만성적인 문제를 해결하는 데 필요한 에너지로 사용해야겠다는 소망 때문이다.

    다가오는 미래는 그래서 소중하고, 기쁘게 받아 드려야 하는 손님이다. 이렇게 귀중한 시간은 부정적인 현실로 우리의 운명 앞에 다가오지 않게 해야겠다는 소신을 갖고 있었기에, '미래창조당'이라고 짓게 되었다.

우리 당의 이름을 대하면서 뜨거운 미래를 본다. 성공과 일류 문명이라는 희망의 씨를 본다. 당의 이름 속에서 우리는 우리가 할 일이 무엇인가를 분명하게 느끼고 계획을 하게 된다.

정당을 만든다는 일은 개인의 사익을 버리고, 공익의 마당쇠가 되는 것을 의미한다. 사익은 지하실의 노래, 포장마차에서 노래를 잘 부르고, 술도 적당히 먹으면 되는 것이지만, 공익은 공기의 운동량을 극대화시키고, 개인의 사적인 놀이와 즐거움을 극소화시키며, 대의명분 앞에서 바짝 고개를 숙이고 살아가는 일이다. 소위 포졸이 공익이고, 죄인이 사익이다. 정치인이라면 적어도 이런 마음가짐이 있어야 한다는 말이다.

민복(국민 복지)이 아니라 민권의 시대이다. 권력의 시대가 아니라, 민권의 시대이다. 과거 군사정권에서는 권력이 민권을 누르거나 압제를 가했다. 그들은 공익을 정권연장이나 권력을 지키기 위해 사용했음으로 공권력이라는 말도 마땅치가 않은 말이다.

19
이제 대통령이 욕술에 안주가 되어 버렸다

이제 대통령을 아무나 욕하는 세상이 되었다. 민권의 시대가 된 것이다.

이런 세상 만들기 위해서 과거 민주화 세력들이 수없는 목숨을 바쳤다. 식민지 시대에 독립투사 가족은 일제에게 핍박을 받으며 한집안이 망하는 것은 예사였다. 그런 틈을 이용하여 친일세력들은 자손대대로 적폐세력으로 득세해온 게 우리 역사의 오욕이다.

그러니까 여러분이 국민의 의무는 제대로 이행해 왔는가! 자성할 일이다. 아무나 현 정부를, 정치현실을, 비판할 수 있는 처지는 아니라고 생각한다. 선거 때마다 기생충을 자처하는 기회주의자들! 이들야말로 정치 부재를 동조해온 장본인이라는 사실이다.

당신들은 그들이 공산주의를 만들기 위해서, 아니 우리 국민의 삶을 김정은에게 가져다 바치기 위해서 국정을 이끌어 왔다고 믿는가!

만약 그러한 사람이 있다면 그 사람은 분명 정치적인 단견의 소아가 분명하며, 실패한 정권을 만들기 위해서 야당이 길들인 파국 정치를 앞장선 야바위꾼이 분명하다.

독재 정권과 공산정권의 독재와 무엇이 다른가! 인권을 탄압하고 개돼지처럼 찌르고 죽이고 압제하고, 길을 막아서 사상 검증하고, 고문으로 사람을 죽이고, 가짜 간첩 사건을 만들어 민주화를 갈망하는 세력들을 깡그리 잡아다가 병신을 만들고 죽이기를 파리똥 치우듯이 했다.

광주민주화운동을 아직도 왜곡하는가! 전두환, 노태우, 박정희 이들을 영웅시하는 민족이 한 사람이라도 있는 이상은 우리의 미래는 밝지 않으며 옳지 않을 것이다.

책임 면탈할 수단이 없으니 그들 군사 독재자들을 새마을 운동을 전개하여, 민족의 배를 채우도록 한 위인이라고 치켜세워, 그 아류들 모두 민족을 배불리 먹이게 한 사람은 정치를 잘해서 '그때는 쓰고 먹고 살기가 좋았어'라고 하며, 경제부흥의 능력자로 도배를 하기도 했다. 정치력의 부재라는 반복적인 퇴보 정치를 할 수밖에 없는 토양을 만들어낸다. 이제 우리는 정치인을 욕하기보다 우리 스스로를 돌아보고 자성의 욕을 해야 하는 국민 정치, 책임의 시대에 접어들었다는 사실을 선언하는 바이다.

정치의 낙오, 국민에게 희망을 주는 것이 아니라 국민의 희망을 앗아가는 권모술수 정치의 책임은 정치인만의 몫이 아니라 바로 국민의 몫이라는 사실을 널리 깊이 인식하는 시대가 되었음을 알아야 한다.

현재 일부 국민의 말마따나 경제가 파탄이 나고 최고의 실망정치를 했다고 한다면 그 환경을 만들어 준 장본인은 바로 당신과 나 자신이다. 정치가 미래를 불안으로 만들어 버렸다면 그 역시 책임은 다른 누구가가 아니라 바로 당신과 나 자신이다.

정치의 왕도는 각자가 책임의 몫을 다하고 기피하지 않을 때 걸어갈 수 있는 정치 이상의 대안이요 국가가 선진조국 창조를 향해 달려갈 수 있는 초석을 다지는 길이기도 하다.

미래창조당은 지금까지 구상하지 못한 것을 이루고자 하는 국민의 꿈을 담아내었다. 미래는 들판에서 아름다운 향기를 맡으며 꽃길을 걸을 때의 기분처럼 흥분으로 가득 찬 미지의 꽃이며 희망이다. 그곳은 파도가 넘실대는 망망대해의 항해를 하면서도 선원들에게 환호성을 지르게 하는 황금어장이요, 희망의 대서사시인 것이다.

나는 이 대목에서 국가가 반드시 해결해야 하는 중대한 입법안건에 대해서 의견을 밝히고자 한다. 나는 이번에 제안하는 법안을 여야를 떠나서 초당적으로 협력하여 법안이 수립되기를 바라는 바이다.

대기업 소비자 양성세

부모가 자식을 낳아서 온갖 뒷바라지를 해서 키울 때까지 국민과 정부가 혼연일체가 되어 의무를 완수한다. 20년 이상을 정성을 들여서 성장을 시켜 놓으면 대기업의 소비자가 된다. 기업은 팔짱 끼고 가만히 앉아서 부모와 국가가 양성한 소비자를 상대로 물건을 팔아서 배를 불리게 된다. 결국 인간은 사회에 진출하기 전부터 소비자이다. 그럼 소비자는 누가 낳았는가! 부모가 낳았다. 그럼 소비자를 만들어 놓았는데 그런 부모에게 대기업이 상을 한번 준 적이 있는가! 고생하셨다고 위로를 해준 적이 있는가! 아마 이런 제안을 하는 나를 보고 대기업 관계자들은 별 미친놈 다 보겠다는 식으로 쏘아붙일 것이다.

그런데 나의 제인은 그야말로 신묘막측한 공정한 경제 이론이다. 대기업에 소비자 양성세를 물어야 하는 것은 너무나 당연한 일이다. 주고받는 것이 없이 훌륭한 소비자를 먹이 사슬로 삼아 돈을 버는 것은 공정한 시장 경제의 원칙에 위배가 되는 일이다.

경제활동을 통해 얻은 재화라고 해서 독점하는 것은 옳은 기업 경영이 아니다.

젊은이들이 결혼을 기피하고 정부는 과대한 예산을 지출해서라도 결혼을 장려하는 정책을 펼치고 있는데 막상 가장 유익을 보고 있는 기업들은 뒷짐만 지고 있다. 서생도 체면을 지키려고 가난한 농부가 사는 집은 소리를 내지 않고 지나가는 법인데 국가의 위기로 자리매김하고 있는 결혼 기피 현상을 해결하는 데 앞장서지 않는다면 말이 되지 않는다.

대기업은 지금이라도 소비자 양성세를 내야 옳다. 그리고 젊은이들이 결혼을 많이 하는 것은 미래의 소비자를 양성하는 시작임으로 결혼 기피가 아닌 결혼 환영의 문화를 만들어 가는 데 긍정적인 영향을 줄 수 있다.

지금부터라도 고민하는 시간여행을 해보기를 간청하는 바이다. 만약 이와 같이 경영제도개선을 한다면 그야말로 세계적인 기업으로 진입하는 기회로 작용을 할 것이다.

소비자 양성세, 이는 세계적인 대안이 될 것이다.

도서 장학금 장려법

책이 사라진 시대에 무슨 잠꼬대 같은 제안이냐 하겠지만 독서가 사라진 현상은 미래의 역사가 방황을 해야 한다는 징표이다. 인생의 합리적 완결을 돕는 수단은 바로 독서이다. 정보화 시대를 살아가는 현대인들에게 별도의 인문학적인 독서가 무슨 소용이 있겠는가 의문을 제시할 수 있을 테지만 독서인구가 감소하여 가는 현실을 더 이상 묵인한다면 역사적인 참패를 볼 것이 분명하다.

IT 정보는 인간의 인격을 한쪽으로 치우치게 하는 경향이 있다. 전문직 사회이다 보니 자신이 원하는 정보만을 받아들이고 저장하는 새로운 유형의 인간이 길러지고 있는 것이다.

보편적 관계의 사회성이 사라지고 있으며 남을 이해하지 못할 뿐 아니라 공통분모의 사회적 역할을 마다하는 현상을 불러온다.

다른 복지 자금도 중요하지만 책을 읽고 싶은 국민들은 누구나 독서 장학 기금을 사용할 수 있다면 대한민국은 머지않아서 문화 일등 강국으로 권좌에 앉게 될 것이다. 문화가 융성한 국가가 세계를 제패했다. 더 이상 젊은이들을 PC방에 빼앗기는 불운은 막아야 한다.

출판은 장려되어야 하는 국가 성장의 가장 중요한 산업이다.

20
시대의 변천을 수용하는 건국이념

미래창조당은 대한민국 건국이념이 세운 헌법의 가치와 정신을 존중하되, 급변하는 시대적 흐름과 변천의 역사적 과제를 인식하고, 다가온 시대의 흐름을 관측하여 유연한 대처를 준용한다.

당대의 법을 집행하고, 실천함에 있어서 추호도 양심을 누르는 일 없이 마땅히 국민의 안위와 행복을 최우선 과제로 삼아 나간다.

국가적 발전을 유도하고 추동함을 현실화시키는 점에서 실행의 당위성이 합당하다고 판단되는 사안에 대해서는, 사안과 관련된 법을 부분적으로 개정한다.

법 개정은 소수 의견이 아닌 다수의 의견을 취합하여 의결권을 통해서 개정의견을 상정하지만, 그에 앞서 국회가 입법 활동을 함에 있어서 정당 정치의 한계점을 드러내고 입법 활동을 진행하고 있는 만큼 별도의 국민 입법 감시단을 국회에 두고 입법 결정에 참여하는 공익 입법 참관단이 최종 결정권을 갖도록 조치한다.

헌정 집행가치의 중심은 자유, 민주, 공정, 평등, 인권의 가치를 올곧게 실현하고, 확대하는 데 주력한다.

법 집행을 하면서 악법도 법이 아니라, 악법은 악법이라는 법인식의 재편을 통해서 법이 소수 권력의 놀음으로 또는 편의 수단으로 악용될 수 있는 환경을 원천적으로 차단하는 시대를 열어 갈 것이다.

국민의 삶을 행복하게 하지 않거나, 그와 반대되는 측면에서 법이 악용될 때는, 그 법은 악법이 분명하다. 악법도 법이라고 규정하고, 그대로 따르라는 것은 인간의 인권을 존중하고, 그 존엄성을 지켜야 하는 함무라비 법전을 토대로 구성한 인권 사상을 실천하려는 정신에도 위반되는 것이다. 제대로 된 법은 절대 악의 소지가 발생하지 않는다.

감정적으로 재판을 하거나, 권력에 의해 좌우되는 법은 모두 악법이다. 법은 인의와 인애의 소산물이다. 공정하고 차별 없는 평등의 가치규정에 위반되는 법은 모두 악법이 될 소지가 깊다.

사람을 존중하는 데서 법은 시작되었다. 인간의 존엄성이 법의 고향이라는 말이다.

아무리 국민의 행복을 위한다는 목표 설정 안에서 다수의 의견을 종합하여 법이 제정되었을지라도 법 집행관이 법을 편의 수단으로 악용하거나, 형평성을 잃어버리고 감정적으로 재판을 처리한다면, 그것은 분명 국민의 인권과 삶의 진로를 가로막고 권리를 착취하는 악법이다.

악법도 법이라고 하는 말은 권력을 가진 자들이 최소한의 방어벽을 쌓고, 국민을 상대로 벌이는 야만적인 권리 착취인 것이다.

어디 그들뿐인가! 법을 집행하는 법관들이 벌이는 판결을 통한 착취행위는 이루 말할 수 없는 병폐이다. 국민의 권리를 인질로 잡고, 자신들의 권리를 누리고, 장악하는 재판관들은 자성의 외침을 통해서 순수한 형평을 잃지 않은 법관의 자리로 돌아가야 할 것이다.

이제 누구를 막론하고 악법도 법이라고 말하면서 자신의 오인된 판결에 정당성을 부여하는 법관이 있다면 그는 당장 법복을 벗고, 그 자신의 오류재판에 대해 그동안 국민의 가슴을 아프게 한 죄를 회개하고 국민의 준엄한 심판을 받아야 마땅할 것이다.

미래창조당은 대한민국의 악법도 법이 아니라 악법은 악법이라는 현대 법 정신을 재구성하여 국민이 법으로 인해 불편을 받거나, 차등권에 침해를 받는 일은 없도록 할 것이다.

과거 권위적인 정치의 환경이 현대사회에서도 그대로 이어지는 점은 반드시 개선해야 할 사안이다. 권위는 국민 우위에 서려는 지배력을 향한 본능의 표출이다.

이러한 본능은 시민사회를 불안에 떨게 하고, 시민의 무한 자유적 본능을 위축시켜 자신의 편의 수단으로 삼아가려는 욕망이 득세하게 한다.

국민의 알 권리가 눈에 보이지를 않고, 국민의 권리가 눈에 보이지를 않으며, 지도자의 덕목인 가치 기준이 방향을 잃어버리게 된다. 정치는 국민을 위해서 존재할 때 그 위상이 빛난다. 권력의 최고 상좌는 국민이다. 그러나 이러한 정해진 권리가 상호 보안하지 않고, 일방적인 전횡이나 횡포로 인해 국민의 권리는 제대로 작동이 되지 않는다. 정치의 권력화는 정보 모든 기관에게 권위의 문화를 양산한다.

일반업무를 담당하는 동사무소에서 작은 민원을 진행할 때도 당연히 친절하게 처리해주어야 할 공무원이 귀찮은 듯이 외면하고, 심지어는 큰소리로 신경질을 부리는 사례는 많다.
사정이 이러하니 경찰, 검찰, 교도소, 판사 등은 어떻게 되겠는가! 고양이 앞에 쥐를 다루듯이 국민을 폄하하고, 난압하니, 기망하는 공무원들은 얼마든지 있다.

우리의 정치 환경이 얼마나 민주적이야 하는지를 지적한 것이지만, 피부로 느끼는 국민의 체감은 더욱 크다. 정치 환경이 비민주적일 때 공무원의 품위유지는 지켜지지 않으며, 권리 의무 이탈은 극한 상태에 놓이게 된다.

정치는 합의의 악수이고 박수이다. 그리고 민주적 절차에 따라서 국민의 인권과 존엄성을 사수하고 정치 환경의 분위기 쇄신을 통해 국민이 평안하고, 안정적인 상태로 생업에 종사하고, 국민의 권리와 의무를 다할 수 있도록 보살펴야 한다.

무한 책임이 들끓는 사명감에서 출발하여 국민의 행복한 삶을 조성해야 한다. 정권이 바뀔 때마다 국민 삶의 지형이 바뀌게 하거나, 권력의 팽창과 권위를 사용하기 위해 극심한 변혁의 단계로 몰아세우지 않고, 점진적 변화를 이어감으로써, 국민을 평화롭게 해주어야 한다.

자유로운 시대 변화와 그에 따르는 환경을 구축하는 데 주력할 뿐 아니라, 시대의 흐름에 따라서 요구되는 미래사회를 선도할 문화가치를 찾아 연구를 지원하고, 집단 지성의 결합을 이루도록 교육하며, 이러한 이타적인 결속과 협동의 정신을 지속적으로 진행하는 실천적인 정치 창조 문화를 만들어 갈 것이다.

우리의 목표는 대통령 후보를 선출하고, 지역 국회의원을 배출하며, 군소정당이 아닌 국민의 행복을 위해서 역사적인 통치의 철학을 겸비한 유일한 국민 행복 실천 당을 만들어 가는 것이 목표이다. 통치의 목적이 완결되는 시점에서 국민의 행복을 저해하는 문제가 대두되거나, 발생할 소지가 다분하다고 판단될 때는, 정당이 세운 목표를 자제하고, 국민이 행복한 시대 열기에 정치 목표를 수정 보안해 나가기로 한다.

　이는 국가를 위하고, 국민의 행복 시대를 열어가는 일에 대해서는 여야를 떠나서 합치의 정치 환경을 만들고, 국민 동일체 협력의 시대를 열어 오직 국민과 국가가 성장하고, 발전하는 한 가지의 목표 아래, 온 민족이 대동단결하는 이정표를 조성해 나가려는, 숭고한 역사적인 신념을 구현하려는 데 따른 결과이다.

　우리의 선택이 우리 자신들의 정치 생명력을 죽이고, 도태되어 정치 환경 밖으로 퇴출되는 비운의 운명을 맞이하는 상황이 도래할지라도, 우리는 이러한 민족 동일체 합치의 시대를 만들어가는 책무를 마다하지 않을 것이다.

　정치는 국민 행복이 먼저라는 이념을 버리지 않고, 흔들리지 않으며, 이러한 정치신념에 반하는 역사적인 과제를 떠나서, 정치 활동을 하지 않겠다는 의지의 천명이면서 장중한 선언이다.

국민의 행복은 반드시 물질의 풍요 속에서 머리를 베고 잠을 자야 완성되거나, 체감하는 것은 아니다. 인간은 물질의 편의로 길러진 것일 뿐, 자신의 행복을 결정짓는 수단에 대해서 물질만능주의가 개입된 것을 후회하고 있다.

인간은 생각하는 동물이다. 이지적 활동성이 멈추지 않는 존재이다. 어느 곳에 처해진다 해도 만족할 수 없도록 의식이 구조화되어 있는 것이다.

그렇다면 인간 즉 국민을 행복하게 해줄 수 있는 단순한 결론보다, 다양한 접근과 정책적인 노력이 준비되어야 한다는 결론에 선다.

그렇다. 인간은 집단적인 동물이면서, 집단적으로 사육되는 동물과는 다르다. 그들은 우선 자신들이 먹는 음식에 대해서 맛과 향을 구분할 것이며, 자신의 편의와 받은 권리가 불평등한 것은 아닌지 누군가 자신들보다 큰 혜택을 받고 사는 것은 아닌지, 살피는 일은 중단하지 않는다.

인간의 사고는 매우 편협하고, 이기적인 입장에서 벗어나려는 노력을 게을리하고 있기 때문에, 언제나 문제를 미완의 상태로 역사는 진행되고 있다.

통합의 시대란 지역적인 정서를 벗어나 하나의 정서적인 통합을 이루는 것을 의미하지 않는다.

통합은 형질의 통합이 아니라, 나라와 민족을 위한 공동의 목표 아래, 집결할 수 있는 민족운명 동일체 의식과 실천적인 방안에서 일체를 의미한다.

우리의 적대는 무섭고, 우리의 적대는 나라를 두 동강 내고도 다시 민족 간에 갈라지는 도탄의 망국적인 짓들을 버젓이 하고 있다.

각자의 행위와 비판이 민족의 나아감과 정당 정치세력화를 목표로 세운 대안을 마련할 때, 현실적인 냉엄한 판단을 바탕으로 진행되지를 않고 이념의 노예가 되고, 동질성의 희생양을 목적 삼아 그들만의 이익을 공유하려는 집단이기주의로 번져 가는 상황을 지속하고 있다. 이러한 생산적 발전이 없는 고질적인 반복행위는 민족의 장래와 미래를 불운하게 한다.

국가 간에 첨예한 대립과 갈등을 뛰어넘어 혼열을 바쳐서 자국의 이익을 선점하고, 국수주의로 치닫고 있는 현 상황에서, 서로 단결하여 나라를 강한 선진 부국으로 발돋움할 수 있는 초석을 다지지 않고 있다. 서로 갈라서기 위해서 밤낮을 가리지 않고, 거리로 쏟아져 나와 욕을 하고 적대시하는 짓을 업으로 삼을 정도로 반대를 위한 반대의 물결이 너무나도 거세지는 현실이다.

현재 우리가 서로를 연일 적대시하고, 민족 간의 전쟁보다 더 무서운 피해를 감수하면서까지 분열을 반복하고 있는 것은, 지역 간의 적대적 감정이다. 정치적인 이상과 이익을 나누어 가지려는 세력들이 뭉친 이념적인 분열의 결과인 것이다.

　이것은 전쟁보다 무서운 반성장 병폐 요인되고, 성장역사의 퇴보를 불러오고, 사분오열 사분 파탄의 국운망조, 망국시대를 불러올 것이 자명하다 할 것이다.

　미래창조당이 앞으로 나아가야 할 방향과 분명한 역사 인식의 목표를 설정함에 있어, 중요한 논의의 시점에서 벗어난 점이 없지 않으나, 정치가 국민의 행복을 조종하는 비행사가 되지를 않고는 모든 정치 행위는 반역사의 탈선행위이며, 그러한 행위와 정치의 가치를 국민의 운명을 책임지는 대안 권력으로 삼아 나간다는 것은 역사의 생명력을 죽이고, 국민의 삶을 파탄으로 몰고 가는 징병적 권리 남용이다.

　권리란 권리를 가진 자와 권리를 필요로 하는 자가 상호 인식의 광장에 나와서 서로가 상호 이익이 되는 일을 찾아 나서는 것이다. 그런데 어느 한쪽이 불행하거나, 상대가 원하는 것이 아닌 전혀 상반된 길로 진입하여 갈 때는 상대에게 필요한 가치가 아니라, 그들만의 이익을 갖기 위해 오히려 국민의 삶을 이용하는 것밖에 안 되는 것이다.

우리는 이러한 폐단을 없애기 위해서 동서 갈등 화해 및 자동 융합실현이라는 정책을 세워나갈 것이다.

첫째, 이주 정책을 펼치려고 한다. 예를 들자면 전라도 사람들을 경상도 지역으로 반반씩 이주를 시키는 것이다.

둘째, 경상도와 전라도를 주민등록상에서 없애버리는 것이다. 주민등록은 대한민국 무슨 동, 무슨 구로 시작하고, 전라도와 경상도를 빼버리는 결단이 옳다.

향토 의식이라는 것이 저들끼리 모여서 지역을 발전시키는 향토를 말하지 않고, 지역색을 고착시키는 대화만을 하고 있다는 생각에서이다.

그뿐인가! 두 지역은 보수와 진보라는 정치적 이념으로 나누어져 있다. 결속은 없고, 분란과 지역적 대립의 적대적 감정 속에서 서로를 향해 으르렁거리고 있으니, 이는 전대미문의 역사적인 분란 행위이며, 민족사적 역사관을 반 토막 내는 적대 행위와 다르지 않다.

민족이 반으로 갈라져 사상적 분열이 이루어진 지 77년이 되었다. 민족이 갈라진 참담한 형국에서 서로를 다시 동서로 갈라놓고, 이념으로 갈라놓는 상황에서 어찌 세계통일을 꿈꾸고, 대한민국을 세계에서 우수한 민족이라고 말할 수 있겠는가!

지금 우리 사회는 단결이 사라진 지 오래이며, 공동의 전선 아래 집결하여 민족의 앞날을 생각하는 자 몇 되지 않는 민족애의 분열 시대를 맞이하고 있다.

부끄러운 줄은 모르고 정치의 아류가 되어, 반대만을 위한 반대의 대열에 합류하여, 민족분열의 춘추전국시대를 맞이하고 있는 것이다.

우리는 매년 전라도 경상도 커플 1,000쌍을 결혼시킬 것이다. 물론 전라도와 경상도가 결혼하면, 결혼 정착금에서 좀더 인센티브를 올려 줄 것이다.

대학을 이전하고, 동서 아파트 주거단지를 조성할 것이다.

모든 지역에서 자매 기업과 협업하는 산업기업을 만들어, 서로 돕고 상생하는 문화를 열어나가도록 하고 이러한 기업들에게 세금 감면 등, 특별한 조치를 단행하여 이질적인 문화의식을 점진적으로 개선해 나갈 것이다.

대학 장학생을 서로 선별하여 전라도 사람이 경상도 장학생을 기우고, 경상도 사람들이 전라도 장학생을 후원하는 일을 지속적으로 단행하여 민족화합의 시대를 열어 갈 것이다.

전라도와 경상도의 향토 언어보다 표준어를 사용하도록 장려하고, 연 3회 이상 관광 복지자금을 지급하여 경상도 사람이 전라도를 의무적으로 관광하고, 전라도 사람들이 경상도를 의무적으로 관광하도록 계도하고 계몽할 것이다.

과학은 미래를 열어가는 문이다

과학기술은 근대사회 문명을 진보시키는 국가의 지적 활동 대 탐구 운동으로서, 연구와 실험이라는 사회 환경을 구축하여 다가오는 미래 사회를 대비하는 기반이다.

이러한 과학의 발전과 동력을 이끌어 가기 위해서는 무수한 실험적인 정신이 필요하고, 국가는 과학자들에게 보다 광범위한 연구 환경을 조성해 줄 필요가 있다.

역사는 신비한 과제와 수수께끼를 풀어야만 신문명을 발견하고, 선진 문명을 만들어 갈 수 있다. 과학의 역할은 그만큼 중요한 가치를 지닌다.

가장 효과적인 방법은 과학연구 및 실험 장학제도를 만들어 지원하고, 육성함으로써 유능한 과학도를 양성할 수 있다.

좀더 구체적인 방안은 과학실험 인센티브 제도인데, 하나의 실험이 계속해서 쌓일 때마다 인센티브를 주는 제도이다.

이렇게 되면 과학도는 작은 연구에서부터 큰 연구를 별다른 어려움이 없이 하게 되고, 과학도의 연구 능력은 계속해서 성장하는 기회를 얻게 된다.

유능하고 실험적인 과학자들이 경제적인 지원을 받지 못하고, 연구 자체를 포기하거나, 실험적인 사고의 활동성이 위축되는 불운을 겪는 일은 없어야 한다.

연구 능력은 무수한 실험에 따라 향상이 된다.

미래를 관측하는 능력이 없이 미래를 주도하거나 선점한다는 것은 불가능한 일이다. 이와 같은 지원 방안에서 과학자를 길러내는 지원책을 정책적으로 마련, 국가의 재난대처, 더 나은 문명의 진보적 시스템을 구축할 수 있다.

과학은 모든 학문의 기초가 된다는 인식을 통해서 과학 제일주의 대학지원 정책을 펼쳐 나갈 것이며, 창의적 인재를 양성하기 위해 유아 때부터 창의적인 교육이 가능한 문교 정책을 펼칠 것이다. 한 사람, 백 사람, 천 사람의 창의적인 천재를 길러내기 위해서, '태아 과학교육 지원대책'을 수립하여 지원하고자 하는 부모들에게는 천재를 양성할 수 있는 환경과 기술적인 지원을 아끼지 않을 것이나.

인간의 창의력은 문명발달의 기원이다. 새로운 시도로 역사의 바퀴는 진보의 순환을 거듭한다. 발명이 없다면 역사도 없다. 새로운 세계를 열어가는 발전의 기원은 단순히 시간만 흘러가는 것으로 채워지지 않는다.

시간과의 동행은 발명이 융합되어야 한다. 그러므로 역사의 시간은 빠르다. 인류가 미래 역사의 희망이 꺼지지 않는 것은 매 순간마다 창의력이 발산되기 때문이다. 역사 발전의 자원은 창의력에 있다는 것을 증명한다. 무엇인가 만들어 내지 않으면 문명은 암흑에 갇히게 된다. 개방된 사회는 무수한 시도를 존중하고 그러한 에너지가 분출할 수 있는 환경을 제공하는 사회이다. 발명이 많은 나라가 세계 경제를 선도하고 있음은 시사하는 바가 크다.

우리의 현실은 매우 희망적이지 않다 우리는 발명에 눈을 뜨거나 창의적인 인간을 배출해 내는 사회적 시스템도 부족하고 인식 또한 진부하다. 안일한 사고에 빠져 있음을 엿보게 한다. 새로운 시도와 새로운 것에 눈 돌리는 사회는 엄밀히 말하면 미래가 없다. 단순히 제품 생산 시스템만으로는 언제까지 세계 경제의 선도적인 위치를 유지할 수 있다고 자만하는 것은 유치한 전망이다.

문화자원의 개발과 육성정책이 어느 때보다도 시급하다. 우리가 즐기는 깃은 정치적 게임이다. 인간은 정치적인 동물이라고 하지만 그러한 힘의 논리에 지배되는 정치게임은 현대 문명발전에 이바지하는 바가 적다.

그보다는 문화자원 개발의 게임에 빠질 필요가 있다. 누가 더 얼마만큼 창의적이냐는 경쟁의 논리가 수용되고 시도되는 사회로의 전환이 우리의 미래를 부강하게 할 것이다. 세계에 단 하나밖에 없는 것을 찾아내는 작업이 절실하다.

우리나라는 지식은 넘치나 창의력은 빈곤을 면치 못하고 있다. 지식기반사회에서 생산되는 발명치고는 세계에 내로라할 게 별로 없다.

출중한 인재를 모두 데려간다는 삼성은 몇 가지의 아이템을 개발하여 창의적 선도 의식을 가지고 교만에 빠져 있는데 그것으로 일류는 어림도 없다. 창의력으로 세계를 선도하려면 몇 개의 기업이나 몇 명의 사람이 아니라 국민 전체가 창의력이 상승하여야 한다. 국가 경쟁력은 정치 발전에 있기보다는 문화 발전에 있다.

시도는 결과의 어머니이다. 설령 그 시도가 실패하더라도 모든 시도는 역사발전의 거울로 남아돈다. 우리가 창의력의 빈곤 시대를 살아가는 것은 새로운 시도의 가치를 존중하지 않기 때문이다. 그래서 누군가 무엇을 한다고 하면 협력하기보다는 반대의 관점에서 손가락질하거나 비난의 총을 준비하는 데 골몰한다. 우리의 장래는 어둡다.

그 어둠의 노을은 문화 발전에 이바지하려는 사람들이 살아가는 기회를 박탈하기 때문이다. 정치는 이제 물러가라. 정치 게임은 이제 그만하자. 그 시간에 세계에 단 하나밖에 없는 문화 가치를 발굴하고 수용하여 세계를 선도하는 문화자원의 시대를 열어가야 할 것이다.

22
드론 공항 건설

　전국 229개의 시도에 드론 공항을 건설한다.

　드론 공항은 인공지능형으로 건설하고 자동으로 전기를 충전하여 자동으로 출동하는 시스템을 갖추게 되는데, 실시간 드론이 출동한다. 공기도 정화시키고, 비도 내리게 하며, 산불이 발생하게 되면 24시간 점검하는 비상 대기 드론이 즉시 출동하여 사방으로 에워싸고, 산불을 진화하도록 한다.

　산불방지 드론을 개발하여 24시간 산을 지키도록 하고 국방드론을 개발한다. 38선 인근에 국방용 산불방지용의 드론 공항을 건설하여 24시간 38선을 방위할 수 있는 시대를 열어가도록 할 것이다.

　자동에너지를 충전하는 드론을 생산하고, 이러한 시설을 공항에 구축하며, 사람의 일손이 없는 드론시대를 열 수 있고, 국토를 24시간 지키면서 공해와 침략과 산불로부터 귀중한 생명과 소중한 자연을 지키는 최고의 방어책이 될 것이다.

인간성 상실 시대를 부른 정보 과잉생산의 속도를 줄이고, 지금이라도 정보를 바르게 다룰 수 있는(컴퓨터 정보 바른 대응력) 교육을 프로그램하여 정보를 통해서 상실되어 가고 있는 인간성 상실의 속도를 줄이고, 인문학적인 인간을 배출하여 사회적 가치의 손실을 막고, 따스하고 정감이 넘치는 사회를 만들고자 한다.

정보는 바르게 다루지 않으면, 바로 인간의 도덕적인 인격이 파탄되고, 현실과 공상의 경계선을 마음대로 오고 가면서 정상적인 사회성을 상실하게 된다.

우리는 이러한 패쇄적이고, 인간성 사실을 부추기는 컴퓨터 정보문화를 인간의 도덕적인 사회성과 연결시켜 정보발달이 인간성 상실을 부르는 현상을 방지하여 정보사용의 윤리를 생활 속에서 실천하는 시대를 열어 갈 것이다.

24
지구생명 지구질병

　지구보전 및 환경개선, 최근 문제시되는 코로나 질병은 현대 역사가 자연을 파괴함으로써 불러온 재난이다. 개발 문명은 편리함과, 향락을 즐기려는 인간의 욕망을 반영한 문화이다.

　개발 문명이 인간의 삶을 편리하게 만들기는 했으나, 지구환경 파괴라는 어두운 난제를 되돌려 받았다. 수없는 나무를 훼손하고, 강과 산을 훼손했다. 조화를 이루던 자연의 지형은 바뀌었다. 문명은 발전되었으나, 자연은 퇴보했고, 무수한 종이 사라지는 불운한 시대가 되었다.

　인간은 독주의 문명을 낳았다. 만물의 영장이라는 인간 존재의 우월감은 결국 자신을 낳아 양육한 모태적 자연환경을 잃어버림으로써, 역사의 미아가 된 것이다.

　질병의 가장 뛰어난 백신은 지구환경을 복원하는 일이다. 이토록 최악의 상황을 연출한 인간은 자연 보호를 위해 특단의 조치를 마련하지 않고, 백신 연구를 통해서 질병을 지키려는 어리숙한 일만 단행하고 있다.

자연은 인간만큼이나 가치가 존엄한 것이다. 오늘의 질병 창궐은 인간에게 자연을 사랑하고, 존중하는 마음을 갖고, 그러한 문화의식이 기본임을 알리는 경고의 메시지이다.

자연을 지키고 나면 질병은 사라진다.

그들은 무서운 속도로 더 강력하게 자신들을 변종하여 힘을 키우고 있다. 어찌 보면 어떠한 백신으로도 방어할 수 없는 상태로 진화를 거듭할 것이 분명하다. 우리는 지구를 지켜야 하는 의무를 갖고 있다.

그들과 함께 살아가려는 공동체의 파트너십은 기초적인 의무요, 누구나 갖추어야 하는 상식이 되어야 한다. 개발 문명은 자연을 보는 눈을 앗아갔다. 자연의 수명은 인간의 문명 생명과 같이한다. 결코 분리되지 않는다. 우리가 자연을 복원해야 하는 이유이다.

우리는 국가기관에 '자연생명보전청'을 두어 자연을 복원하는 데 있어, 세계 문명을 선도하려는 꿈을 가지고 있다. 나아가 전 세계 유엔국가나 '자연생명보전청'을 두어, 지구인 전체가 지구의 생명을 지키는 역사적인 이정표를 세워야 한다.

자연을 훼손하는 문명은 인간의 행복은 증진 시켜 주었을지언정, 자연의 삶은 추락을 시키었고 결국 인간의 행복까지 살인하는 가장 비문명적인 원시적 역사를 이어온 것이다.

그 안에서 축제를 벌였고, 인간의 삶은 지금 인류 역사 이래 가장 불행하고, 초조하고 불안한 시대를 살아가게 되었다. 인간의 문명이 존속되느냐, 멸망의 길로 들어서느냐 하는 것은 능동적으로 자연을 복원해 내느냐의 행동에 달려 있다. 자연과 상생하지 않은 문명은 이제 지구상에서 점점 사라질 것이다.

우리가 자연을 소중하게 지켜냄으로써 누군가는 먹잇감을 잃게 될 것이고, 생존의 환경을 잃어버릴 수도 있을 것이다. 따라서 예기치 못한 반격이 있겠으나, 희생이 없이 자연을 복원시키는 일은 불가한 일이 될 수도 있다.

자연생명보전청과 자연생명보전학과를 개설해야 한다. 자연을 복원하려면 많은 전문적인 환경운동가를 배출해야 한다. 뒤이어 전 지구인이 자연을 사랑하는 마음을 학습해야 한다.

자연을 사랑하는 노래를 만들고, 자연을 소중하게 여기는 생활 준칙, 훈령, 강력한 지침을 마련하여, 이를 유엔의 신 자연보호 규약으로 삼아 나가야 한다.

각 대학은 자연생명보전학과를 두어 지금보다 더 많은 국민과 전문인력이 자연을 보존하는 일에 적극적으로 나서야 한다.

우리 당은 지구 키스의 날을 제정하여 지구보전의 새로운 역사 쓰기 원년을 만들어 가고자 한다.

지구는 불평 한마디 하지 않고, 인류를 품고 존재해 왔다. 초기 농경사회나 수렵사회는 지구와 공존의 역사를 유지했다. 그러나 산업사회에 접어들면서 공존의 틀은 깨졌고. 인간은 지구라는 존재를 서서히 잊어가기 시작했다. 자연은 훼손되었다. 자연과의 공존 시대가 막을 내리는 순간부터 인간의 관계성까지 무너져 내렸다. 인간의 삶도 불행해져 버렸고, 자연은 생명력을 잃어 갔다. 인간이 행복을 잃어버린 것 같이 자연도 행복을 잃어버려야 했다.

지구와 인간은 이제 싸움을 시작하게 되었다. 코로나19라는 질병은 자연이 저지른 인간을 향한 공격이다. 인간을 따스하게 품고 살아온 지구가 품에서 인간을 버리고 호된 질책을 하게 된 것은 인간이 자연이라는 존재성에 대한 무의식 상태가 되어 버렸기 때문이다.

산업사회의 경제 구도는 자연을 마구 훼손하지 않으면 이익을 얻을 수 없었다. 편리, 속도, 즐거움 그리고 물질의 소유를 안겨주는 문명의 성장은 인간의 욕망에 불을 지피었고, 행복이라는 기준의 변형을 불러왔다. 물질을 지배하지 않거나 얻지 못하면 아무도 살아남을 수 없는 경쟁의 사회를 만들어 내었다. 돈이 없는 자는 낙오자요 있는 자는 지배자가 되는 사회는 자연의 살을 뜯어내는 것쯤은 아무런 죄의식을 갖게 하지 않았고, 오히려 존엄한 생존권을 지켜내는 응당한 권리쯤으로 여기게 했다.

산업사회의 문명은 모든 분야에서 인간을 노예로 만드는 데 성공했다. 인간은 자연으로 돌아가고자 하는 자연 회귀 본능을 가지고 있으나 어느 사람도 성장기부터 문명을 버리고 살아가지 못했다. 자연은 한낱 인생을 편안하게 마치는 마지막 휴식의 종착점에 불과했다.

이제 결과는 참혹해지고 있다. 자연의 역공이 시작된 지구는 혼돈과 좌절. 극심한 이동의 제재 속에서 상상할 수 없는 정체 경제 활동을 하고 있다. 무한 자유개발 경제라는 화두 속에서 밤낮없이 시도와 도전을 생명력으로 알고, 광폭의 성장을 이끌어 가던 세계는 예기치 않은 도전 앞에서 속수무책의 난항을 겪고 있다.

문제를 해결하기 위해 내린 인간의 결론은 질병과 싸워 이기려는 백신을 개발하거나 공동의 장소에서의 위생 의무라는 방안이었다. 국가마다 앞다투어 백신 연구는 진행되었고 일정 부분 실익을 거두고 있다. 그러나 인간의 욕망을 제어하지 못하거나 자연을 사랑하는 마음을 준비하여 실행하지 않는다면 모든 백신 연구는 지구에서 질병을 몰아내지 못하고 질병을 방어하는 역할밖에는 할 수 없을 것이다. 일시적인 처방은 더 큰 재앙을 부르는 도화선이다.

인류는 세 가지 일을 동시에 시작해야 한다. 하나는 백신 연구이고 하나는 인간의 음식문화 개선이며, 하나는 지구를 사랑하고 실천하는 사회적 시스템을 만들어 가야 한다는 것이다.

따라서 인류의 한 사람인 나는 가장 중요한 지구를 사랑하는 마음을 가다듬고 이를 실천하기 위한 사회적 학습의 교본으로 지구 키스의 날을 지정하여 선포하기에 이른 것이다.

지구인 모두는 지구를 사랑하는 마음을 실천하는 학습 운동을 전개해야 한다. 그것이 지구를 보존하고 지구와 인간이 아름다운 공생의 역사를 시작하는 첫날이 될 것이며, 코로나는 변종 바이러스가 두 번 다시 지구에 출현하지 않게 하는 것이고, 자신의 품에서 인간을 버린 자연이 다시 인간을 품게 하는 유일한 길이라고 판단하기 때문이다.

실리가 명분을 이기는 날은 인간도 멸망하고 자연도 멸망한다.

25
인권의 사각지대를 없앤다

인권보존 문제는 시대를 거듭할수록 세밀하고, 배려가 있는 정책으로 바뀌어야 한다. 물론 법률적인 제도가 마련되고, 점진적으로 발전해야 함은 마땅한 일이다.

인권은 천부적이고, 침해받지 않아야 하는 고유한 권리이다. 그릇된 정권은 인간의 고유한 권리와 존엄성을 앗아간다. 국가는 인간의 인권을 지키는 것이 첫 번째 의무이다. 누구나 법 앞에 평등할 뿐 아니라 모든 국가의 과제보다 앞서 정착되어야 하는 존엄한 역사의 과제이다.

법률적인 사회적 약속을 어겼을지라도 당사자가 받아야 하는 존엄성은 지켜져야 한다. 개인이 범죄를 자행하면 안 되는 것처럼, 국가는 인간의 존엄한 인권을 침해하면 안 된다. 경찰 업무는 인간의 인권과 생명을 지키는 것이다. 현행법을 위반했다고 해서 국가가 인권을 침해하면 다 같이 범죄를 저지른 것과 다르지 않기 때문이다.

인권은 생존의 기본권에 속한다. 야만의 국가는 인간의 인권을 억압하는 국가를 말한다. 어리숙한 국가는 인권이 지켜지는 사회를 두려워하고, 인권이 지켜지면 통치의 반역세력이 득세한다고 여긴다. 치안 정국이 생겨나는 것은 이와 같은 이유에서이다.

우리는 인간의 인권이 보존되어 생활 속에서 법안을 지켜지도록 하고자, 치안법집행 국민침해범죄위반법을 제정하여 국가가 법 집행을 하는 과정에 인간의 인권을 유린하는 당사자를 강력하게 처벌하여 적어도 국가가 법 집행을 명분으로 삼아 자행되는 인권침해를 원천적으로 차단하려고 한다.

과거 공안 정권 시절에 자행되던 인권침해 폐단은 많이 사라졌으나, 인권침해가 정권이 바뀔 때마다 다른 양상을 보임으로, 국가의 기본의무로 제도를 정착시키려고 한다.

인간은 법 앞에 평등해야 하지만, 국가의 집행 앞에서 권리를 평등하게 보존해야 한다. 국민에게서 나온 권력을 잘못 사용하는 경찰 공무원들의 오만과 특권의식은 이제 사라져야 한다. 경찰은 범죄자를 잡는 것이지 인권을 잡는 게 아니다. 이것은 엄연히 월권이며 야만의 오만이다.

26
산업 사회와 인간의 행복

산업사회의 활동성 증대는 국가 경제의 지표가 될 뿐 아니라, 국민경제 활동성에 영향을 준다. 산업은 개개인의 노동을 통한 삶의 질 향상과 행복추구권을 만들어가는 중요한 기반이다.

인간의 노동은 법으로 정한 노동의 연령 기준에 의해 정해진다기보다는, 살아 있는 동안 인간은 움직이면서 생의 가치와 삶의 행복추구권을 부여받을 수 있기 때문이다. 따라서 산업의 생산성 증대는 국가의 존립과 흥망성쇠를 좌우하는 중대한 과제이다. 인간은 노동이 없이는 삶의 권태와 무료함에 시달려야 한다.

우선 산업은 자연을 훼손하지 않고, 보존하는 쪽으로 재편이 되어야 한다. 자연을 훼손하면서 하는 운동 중, 골프는 자연을 훼손하는 최대의 적이다. 21세기 최고의 스포츠 발명은 골프이면서, 자연을 지키려는 환경운동가의 목적 사업에 비추어 보면 최악의 스포츠가 골프이기도 하다.

골프는 자연을 죽이고 인간의 건강을 찾겠다는 상호파멸의 비평등 운동이다. 많은 농약을 뿌려야 잔디는 보존된다. 인간은 농약이 군무를 이루는 곳에서 최고 최악의 스포츠를 즐기고 있다.

대한민국의 산업 활동성은 가내공업과 중공업이다. 그중에서도 조선업은 삼면이 바다인 지리적 이점을 최대한 살린 매우 합리적인 구조를 갖고 있다. 특히 IT 산업의 성장은 우리의 미래를 밝게 하는 요인이다.

그러나 IT의 성장은 장기적이지 않으며, 불안 요인을 갖고 있다. 인도, 베트남, 대만, 중국 등의 비교적 후발 개발도상국들의 추격은 우리의 미래를 불안하게 하고 있다.

지하자원이 없는 우리는 가내공업만으로는 국가의 안정적인 산업화를 달성하기 힘든 상황에 직면해 있는 것이다.

지하자원이 없다는 점은 분명 산업 활동성이 취약한 구조를 담고 있다. 그러나 21세기는 자원을 만들어 가는 시대이다. 그중에 지적 재산권은 매우 경쟁력이 있는 자원이다. 특히 원천기술의 보유는 장기적이고, 안정적인 국부를 창출하는 수단이 된다.

미래창조당은 튼튼한 산업 기반을 조성하기 위해서 '원천기술확보연구대학'을 개설하여 초일류 기술의 새로운 자원 시대를 열어갈 것이다. 혁신과 희망 그리고 국부를 창출하기 위해서는 원천기술의 확보는 매우 중요한 의미를 동반한다.

　원천기술은 미래 사회를 선도하고, 국가 간 경제 운영의 주도권을 확보할 수 있으며, 모두가 의식주를 복지로 해결하는 전인 복지 국가건설이라는 원대한 꿈을 실현하는 계기가 될 것이다.

27
가상화폐 육성 방안

가상화폐는 4차 산업의 중요한 키워드이면서 정부의 보호와 지원이 따른다면, 국부 창출의 기회가 될 것이다. 양성화는 필수이다. 우리 당은 전국 229곳의 지자체 지역에 비대면 사회로 인해 상권이 죽은 거리를 코인 거리로 재조성하여 상권을 살리고, 대한민국은 가상화폐의 선도 국가로 만드는 데 기여를 할 것이다.

21세기 가상화폐 시장을 맞이하여 시대의 흐름을 관통하고, 그에 부합되는 코인 도시 거리를 조성함으로써 신성장 동력을 확보하고, 특수 관광 자원을 개발하는 기회로 삼아 자치단체의 경기 부양, 세비 확충을 통한 지역민들의 삶의 질 향상을 달성하고, 미래 사회의 화폐인 가상화폐의 건강한 생태계를 만들어 가상화폐의 세계시장을 선도하는 국가로 발돋움하여 매년 수백 조원의 세비를 조성 장차 백년대계의 일등 국가를 만들어 가는 데 기여를 할 수 있다.

시의 대외적 위상을 재고할 수 있다. 코인 도시를 통해 국가 간 연대와 경제 유익을 관철하는 공유의 시대를 열어 갈 수 있다.

시의 경기 활성화에 기여하고, 세비 확충을 통한 지역민들의 경제 이익을 가져갈 수 있다.

시에 코인 회사들이 집결함으로써 경제 활동성이 증가되고, 지역민들의 자긍심 고취와 이탈을 막고, 인구 유입에 기여할 수 있다.

시의 명실공히 가상화폐 경제활동과 성장에 기여하는 메카로서, 도시의 대외적인 위상을 재고하고, 도시의 국제적인 브랜드 상승이라는 목적을 이룰 수 있다.

시에 관광인구의 유입이 증가하여 관련 산업의 발달을 가져오게 된다. 이는 국가의 경쟁력을 추동하는 동기가 될 것으로 전망하고 있다.

시의 신규 일자리 창출에 기여하고, 4차 육성 산업인 가상 화폐 시장의 또 다른 산업발달을 불러온다. 자영업자들의 활로를 모색하는 기회를 안겨준다.

경기가 없는 거리를 상가 번영회와 협상을 해서 경기 활성화를 위해 코인 거리를 조성하자는 제안을 하고, 코인을 상징하는 구조물 변경 건물 외벽 디자인 변경 보도 블록변경 등, 거리를 코인과 관련한 창조적인 그림이나 조형물로 대체한다.

가로등 교체. 차량이 다니지 않은 거리를 확보. 구조물 변경 같은 허가 사항에 준한 내용으로 개보수 코인그림. 도시 조성에 참여한 기업들은 코인 도시 거리 입구에 크게 간판을 만들어 걸어 줌. 대형 상장 알림판 설치. 외벽코인 화가 그림. LED 코인 보도블록 설치/ 코인 네온사인/코인 인간 조형물/ 코인 화가작품 전시/ 코인 마차/ 코인 테마 의자/ 코인 자수 상품 개발/ 코인 뚜껑 와인/ 코인 금화/ 코인침대/ 코인병거리/ 코인 로켓/ 코인 신호등으로 재보수하여 거리를 만든다면, 지역경제도 살아나고 세비 확충으로 지자체 재정도 튼튼해지는 시대를 맞이하게 될 것이다.

암호화폐 양성화 방안을 마련하는 일에 빠른 속도를 낼 필요가 있다. 이제 암호화폐는 가상화폐가 아니라, 현금성과 같은 화폐의 성격을 띠고 있다. 물건을 판매하고, 먹고 입고 마시는 것까지 모든 거래가 가능한 시대가 다가오고 있다.

어차피 다가오는 현실이고 미래 사회의 중요한 화폐수단이라고 한다면, 하루속히 양성화를 시켜서 세계의 경쟁력에서 뒤처지지 않은 기술력을 확보해야 한다고 본다.

28
차별적 진출 금지 해소

차별적 진출 금지 해소는 개화된 사회와 선진문명으로 달려가는 관문과도 같다. 좋은 대학을 나오고, 연줄이 있어야 도달하는 출신 관계망적인 사회구조는 인간이 가지고 있는 능력과 재능을 마음대로 펼치지 못한다.

특히 과거가 어둡다거나 배우지 못한 사람이라고 해서 사회 진출의 기회를 박탈하거나, 벽을 쌓아 가로막는다면 올바른 역사라고 할 수 없다.

모든 인간은 모든 기회를 찾아 나서는 권리가 있다.

출신, 학력, 과거와 관계없이 무한진출의 기회를 주는 사회가 진정한 문명국가인 것이다. 양극화는 기회 박탈에서 온다. 따라서 진정 행복한 대한민국 위대한 국가를 건설하기 위해서 차별적 진출 금지 해소는 가장 시급하게 다루어야 하는 사안이다.

미래창조당은 당의 사운을 걸고, 사회의 올바른 구조를 만들어 간다는 취지에서 '사회진출평등권부여법'을 입법화하여 모든 인간에게 기회를 나누는 사회를 만들어 재능과 능력을 갖춘 사람들이 사회 곳곳에서 능력을 발휘할 수 있도록 조력해 나갈 것이다.

29
양극화 해소

양극화 해소는 반드시 소득에만 있지를 않다. 인권, 학력, 출신 등에서도 나타나고 있다. 또한 다문화의 인권침해와 학력으로 인해 발생하는 양극화는 사회 곳곳에서 존재의 갈등을 불러일으키고 있다.

학교, 성적, 출신으로 경쟁을 유발하고, 사람을 폄하하는 것은 낙후된 문화이다. 그 사람의 인성과 사회적인 경험은 탁상공론을 앞지를 수 있다. 이미 여러 정황으로 사회 곳곳에서 증명된 바이다.

우리는 이렇게 다양한 양극화 해소를 위해서 소외계층을 돌아보고, 의식주의 보편적 수혜의 원칙을 세워 상대적 박탈감으로 인해 발생하는 사회병리적인 문제를 해소하는 데 아낌없는 노력을 기울여 나갈 것이다.

산업사회 전반에 만연되어있는 인권차별 양극화는 노농환성과 처우 기준안을 마련하여 양극화를 차단하고자 한다. 소득이 소득을 나누는 것은 양극화의 문제를 처방하지 못한다.

미래창조당은 '국민기본의식주복지법'을 입법화하여, 대한민국의 국민이라면 의식주의 문제를 해결하는 데 있어 고충이 따르지 않도록 할 것이다.

30
4차 산업 혁명

선별적이고, 포인트적인 인공지능개발은 4차 산업 혁명의 주도권을 잡는 중요한 사안이다. 이미 시작된 4차 산업은 전쟁이 시작되었다. 원천기술의 확보를 선점한 국가를 선망하고 있기보다는, 기술의 다양한 효용성을 찾아서 인공지능의 새로운 시장을 개발하고 조성할 필요가 있다.

기술을 어디에 어떻게 적용하고, 개발하느냐에 따라서 시장의 선점은 규모가 커지고, 이로 인한 기관산업의 신규 일자리 창출과 경제 이익은 증가하게 된다.

이를 위해서는 신기술활용가치 포인트 전략을 구사해야 하며, 신기술 활용성 연구센터를 설립하여 안으로는 원천기술 확보 시, 기술로 인해 발생하는 경제 이익을 미리 챙길 수가 있다.

다른 기업이나 국가에서 선점한 기술을 적절하게 상용화하여 이익의 다변화를 꾀하는 동시에 운영의 측면에서 상당한 경제적 이익을 얻어 낼 수 있는 것이다.

31
금융 선진화

금융발전 선진화 방안 마련은 총체적 경제활동을 추동하고 개업이나, 창업 등의 실제적인 경제활동 참여 인구를 양산하는 등 국가경쟁력을 강화한다.

우리나라 금융이 후진국을 벗어나지 못한다는 평을 듣는 것은 시대의 흐름을 따르지 않고, 변화를 거부하면서 과거의 금융 제도를 세습했기 때문이다.

담보를 대출 안전장치로 선택하여 경영의 목표를 정한 은행은, 대출을 받은 기업인이 불안하고 쫓기는 마음으로 사업을 전개해야 하는 위태한 상황을 돌아보는 배려를 갖지 못했다. 한번 실패한 기업인이 다시 재기하기 위해서는 오랜 시간이 투자되었다.

우선 신용을 살려야 하는데, 신용이 없는 사람들은 아무리 좋은 기술특허를 가지고 있어도 기회를 얻는 게 쉽지 않다. 실패와 재기의 시간 간격이 길어질수록 개인은 병들고 가정은 해체되는 결과를 낳았다. 은행이 담보를 잡고 돈을 빌려주는 길은 넓지만, 담보가 없이 돈을 대출해주는 길은 거의 막혀 있는 실정이다.

사실 재기를 하기 위해 도전했다가 오랜 시간이 걸려서 중도에 포기하는 사람들이 너무나 많다.

은행이 대출 나간 돈을 거두어들이는 안전장치를 마련해야겠지만, 그와 동시에 담보 없이 대출해 주는 사회적 시스템을 마련해야 한다. 은행은 기회의 창고이다. 많은 국민들이 자신의 재산을 은행에 맡긴 이유는 예치해놓은 자산이 또 다른 누군가에게 기회가 될 수 있다는 기대 때문이었다.

우리나라는 신용이 없는 사람들이 유난히 많다. 그만큼 창업을 많이 했고 경쟁에서 선방하지 못했다. 유난히 많은 자영업은 서로 제 살을 나누어 먹어야 하는 최악의 대란을 맞이하게 되었다. 신용이 없는 사람의 노력은 모두 허사가 되고 만다. 또한 개인의 실패는 가족 모두의 실패로 귀결되고 있다.

미래창조당은 '신용회복등급지정위원회'를 설립하고, '대출기준완화법'을 입법화하여 모든 은행이 부동산뿐 아니라, 능력과 긍정적인 생각, 현실개선과 미래를 열어가는 능력 그리고 가지고 있는 기술력을 대출 조건으로 삼아가는 시대를 열어나갈 것이다.

신용만 대출 조건이 아니라, 실패가 대출의 조건이 되는 사회가 되었을 때 대한민국의 기회의 나라가 될 것이다. 따라서 금융이 선진화를 이룬다는 것은 창업인구의 확대로 경제의 선순환에 영향을 미치는 사안이다. 담보물을 전제로 하는 대출은 은행에는 안정적인 수익을 가져다주지만 은행 대출의 벽이 높을수록 중산층은 위기를 맞이하게 된다.

은행은 국민의 삶의 안정과 직결되어있는 거대한 금고이다. 누구나 가져다가 사용해서는 안 되겠으나, 완전히 문을 걸어 잠그고 안전한 운영만 생각한다면, 위기 속에서 기회를 찾고자 하는 사람들에게 돌아가는 희망은 작을 수밖에 없다.

통제와 제재가 신용사회로 가는 실크로드는 아니다. 모든 은행 대출은 신용이 기준이 아니라 미래의 비전과 기술의 가치를 논해야 한다.

국내 창업인들의 생존권 사수와 창업에 필요한 자금을 위해 만든 창업 코인으로 실물 경제에 기여할 수 있다. 하나의 기술 자본의 초융합연결망을 통해서 투자자금와 연구비 재원으로 활용되는 실물 경제 기여 코인의 시대를 열어 볼 필요가 있다.

경제의 주체는 세계 소비자들이다. 그러나 경제 활동을 유도하고, 자극을 주는 기술적인 메커니즘과 소비가 막힘없이 흐르게 하는 자본소통광케이블을 놓는 것은 창업인이나 벤처인들이다. 우리는 이들을 가리켜 경제인들이라고 총칭한다.

기업인들의 투자와 연구가 활발하게 진행될 때 선순환 경기는 풀리고, 경제의 활동 지표는 활동성이 증대된다. 한 사람, 한 사람 스타트업 경제인들이 모여 연구와 투자를 병행할 때 소비의 주체들은 활발하게 활동을 시작하게 된다.

전 세계에는 창업인들이 넘쳐나고 있고, 이들은 하나같이 부족한 재원에 시달리고 있다.

비대 경제는 전 세계 경제 지형을 바꾸어 놓았다. 비관적인 경제의 전망과 더불어 실물 경제의 위축은 산업사회의 투자 환경을 위축시켜 놓았고, 생산성은 있으나, 소득이 없는 자기 살을 깎아 먹는 마이너스 경제로 돌아서서 국가의 부채는 날로 증가하고 있는 상황이다.

백신의 연구가 활발하게 진행되어 이제 인류는 백신을 맞으며, 질병에 대해 안전망을 구축해 나가고 있다. 국민 불안이 해소뇌고, 안전성이 확보되면 경제는 다시 활동경제로 회귀할 것이 자명한 일

이다. 이미 고착된 비대면 경제의 댐을 부수고 활동경제로 돌아서
는 과정에 다시 전 세계가 체감해야 하는 또 다른 힘든 일들이 전
개되어 안정적인 상태로 진입하려면, 상당한 시간이 경과될 것으
로 전망하고 있다.

경기 부양이 일어나고, 다시 기업들이 투자와 연구를 안정적으
로 하기에는 아직 풀리지 않은 일들이 산재해 있는 것이다.

최근 코로나19의 변종은 무엇보다 경기회복을 바라는 창업인들
에게 어두운 길을 걸어가도록 하고 있다. 중요한 것은 투자 환경의
위축은 정부나 창업을 희망하는 사람들에게 큰 불안 요인이 되며,
이는 실물경제의 전망을 어둡게 하는 장애 요인으로 부화될 것이
불 보듯 뻔한 일이다.

이제 시간이 없다. 구조적 병폐 요인이 될 비대면 경제 속에서,
국가와 민족의 장래를 희망의 재단으로 올려놓아줄 벤처 열풍을
잠재울 수는 없는 일이다.

상호 밀착된 관계적 보완과 정보 교류를 통해 유익한 벤처의 생
명은 기술과 자본이다.

정부가 정책 자금을 지원하고 있으나, 턱없이 부족할 뿐 아니라,

신용이 없는 사람은 어떠한 혜택을 받지 못하기 때문에, 실패를 딛고 다시 재기하려고 하는 사람들에게는 정부의 지원 정책은 한낱 사상누각에 불과하다.

우리는 재기하려고 몸부림치는 벤처인들과 새로운 도전의 무대 위에 올려진 벤처인들이 무한 도전의 정신을 가다듬고, 미래를 개척하는 용기 있는 용병으로 만들기 위해서 특단의 조치가 마련되어야 한다는 점에 깊은 인식을 하고, 벤처 코인을 만들게 되었다.

이제는 정부의 정책적인 도움이 없이도 벤처인들이 꿈을 꾸고 날개를 달아 미지의 세계를 넘나들면서 성공의 권좌에 앉을 수 있는 위력하고 강화된 든든한 자금 도달의 용처가 될 것이다.

자본 창출의 알고리즘과 기술적인 기반은 벤처인 스스로 투자자가 돼서 자본 시장을 확장하여 주식의 가치를 올리고, 당당하게 스타트 업에 필요한 자금과 연구 재원을 마련하는 기회를 만들어 가도록 유도하고 계몽을 해야 한다.

벤처 코인은 비건전성으로 귀착되는 현재 코인 시장의 공정한 기반을 조성한다. 사회적 유산으로서의 가치에 기반하고, 사회적 유산으로서의 역할을 전개하는 데 앞장을 선다.

어느 날 설립이 되었다가 갑자기 몰락의 길을 걸어가는 시한부 기업이 아니라, 지속적인 경제 성장에 기여하고, 안정화를 이루어 실물 경제 도움을 주는 경제 생산성에 기여하는 코인을 꿈꾼다.

투자의 건전성문화를 주도하고, 투기성의 코인이 아니라 미래성장 주도의 가치를 지닌 시장 친화적인 코인이 될 것이다.

특히 우리는 벤처인들과 창업을 희망하는 사람들이 자신들의 열망과 간절한 꿈을 실현해주는 명백한 실물 경제의 대용수단이 되기도 했다.

물물교환의 가치를 실현하며, 사회 공익적이고, 경제순환에 기여하고, 고매한 사회적 책무를 다하여 마땅히 인류애를 실천하는 생존의 이상을 실현하는 데 사용되는 코인이다.

고효율의 지식기반 솔루션. 벤처창업을 향한 예비 기업인들의 소망과 염원을 실현하고자 한다.

사회에 진출하여 자신의 신용으로 정부 자금을 지원받아 창업은 하지만 기술 자금, 운전자금, 영업 자금. 높은 임대료, 시장진입에 필요한 개척 자금, 홍보 자금, 지적 재산권 방어 자금, 사회활동 확장 자금 외에 가족의 생계와 높은 임금에 시달리는 예비 창업자들은 그나마 정부 지원을 받아 도전하지만, 실패한 가장들이나 도전하려는 사람들은 실패의 은막 뒤에 숨어서 고개 숙인 가장으로 남아야 한다.

　실패는 제2의 실패를 부른다. 그리고 제대로 성공을 하려면 적게는 10년 많게는 20년까지 시간을 기다렸다가, 다시 재기하는 사람들도 있다. 제2의 인생 도전이 이렇게 험난하고, 지루하고 길다면 그 시간여행을 하는 동안 본인 자신뿐 아니라, 가족들이 겪어야 하는 시련과 아픔의 크기는 깊고 또 깊은 것이다.

　벤처의 붐이 일어나는 것은 바람직한 현상이지만, 도전이 중도에 포기되어야 하는 현상은, 결코 긍정적이라 말할 수 없다. 우리의 산업사회는 새내기들로 넘쳐나고, 다시 실패한 사람들은 역시 좌절의 늪 속에서 허덕이는 절망적인 삶을 살아가야 한다.

　국가가 제2 창업과 벤처의 도전을 신용이 없다고 뒤로 미루어 내는 것은, 경험을 갖춘 경영 인재들의 기회를 앗아가는 것과 다르지 않다. 경험이 없는 군대는 전쟁에 나가서 승리하기 쉽지 않다. 노련한 전쟁 경험 군인들이 앞서서 나아갔을 때 전쟁은 승리할 수 있는 것이다.

　경영도 마찬가지이다. 실패를 알고, 넘어지고, 으깨지면서 실선을 쌓은 기업인들이 성공 확률이 더 많은 것이다. 군대는 경험이 있는 장교들이 전쟁을 지휘한다.

경제는 어떠한가! 경제도 전쟁이다. 글로벌 시대에는 더욱 경험자가 필요하다. 그러나 우리 경제는 유경험자들을 실패했다는 이유만으로 전쟁에 나가 싸우는 길을 막아서고 있으며 지원을 받지도 않고 있다. 한번의 실패가 영원한 패자가 되는 사회는 올바른 사회가 아니다.

우리는 새내기 벤처기업인들을 활로를 모색하고, 창업에 필요한 재원을 만들어 주기 위해 태어났지만 실패한 가장들에게 재기의 기회를 주어 탄탄한 성공의 기회를 마련해주려는 것이다.

만약 실패한 기업인들에게 다시 한번 도전할 기회가 빨리 돌아간다면 우리 사회경영의 질은 국제적인 경쟁력을 갖추게 될 것이 분명하다. 우리는 역사의 발전을 도전과 응전으로 규정하는 데 동의를 한다.

경영의 국제적인 지위권과 글로벌 경쟁력을 갖춘 도전의 기업인들을 많이 배출하고, 그들에게 광범위하게 확장된 도전기회를 제공함으로써, 역사 발전의 원동력을 찾아내며, 산업사회의 경제적 활동성을 드높여서 국가 간 첨예하게 전개되고 있는 경제 전쟁에서 승리하도록 환경을 만들어 주는 것이 국가와 국민이 해야 할 의무라고 생각하고 있다.

개인에게는 삶의 만족감을 사람은 노동의 활동성을 통해서 삶의 희열을 느끼고 존재의 당위성에 도달한다. 노동이 없거나, 도전이 없이는 인간의 삶은 무료하고 지루할 뿐 아니라, 존재감의 상실로 인하여 자신의 삶을 아름답게 살아갈 수 없는 것이다.

도전이 없이는 기회가 없고, 기회를 찾지 않고는 조직사회에서 열등한 상황으로 전락할 수밖에 없다.

미래 시간을 무엇으로 채울 것인가!
현재를 무슨 활동으로 만들어 갈 것인가!

인간은 이러한 문제에 직면했을 때 답을 얻을 수 있어야 한다. 도전은 존재의 당위성이면서, 생존의 연결을 돕는 생명의 연장 활동이기도 하다.

모든 사람은 사회를 살아가는 동안 도전의 기회를 박탈당해서는 안 된다. 고개 숙인 아버지를 그냥 고개를 숙이고 살아가게 하는 시대는 이제 종식을 해야 한다.

벤처 코인은 고개 숙인 아버지를 고개를 들게 하는 코인이요, 기회를 박탈당한 아버지에게 다시 기회를 주는 코인이다. 두 번 세번이 아니라, 죽을 때까지 도전할 수 있는 기회를 제공하는 것이 선진 문명사회이면서 국가가 해야 할 일인 것이다.

창업은 국가의 생명줄을 이어가고, 역사를 도전과 응전의 상태로 진입시키는 위대한 복지이면서, 존재 부흥의 시대를 맞이하는 위대한 결단이다.

실패한 사람에게 기회를 주는 것은 국가만 행할 일은 아니다. 전 국가 전 국민이 서로에게 기회를 제공해 주는 초협력의 투자 연결망시대, 불투명한 미래의 시대 열기는 모든 사람이 경계선 없는 협력으로 가능한 일이다.

IT광케이블, 데이터신경망. 초융합시대, 도시와 도시를 연결하는 스마트 네트워크시대, 사물인터넷 언어소통의 광범위한 인공지능의 산업사회를 살아가는 우리는 인간과 AI, 사물과 인간, 로봇 산업사회로의 진화, 절대 약수가 되어버린 비대면에 의한 관계성의 약화는 우리 사회의 허물어진 관계성 복원으로 위기를 벗어날 수 있다.

투자 환경의 절대 기회 창출을 통해서 벤처와 창업의 전 사회적 도전복지를 실현하고, 끊임없는 재도전의 기회를 마련하여 실패를 치유하는 시간여행을 단축한다.

실패 속에서 얻은 노익장들을 경제 운영의 글로벌 경쟁의 바다에 뛰어들게 하고 노련한 기업 정신을 경제 성장의 디딤돌이 되도록 유도한다.

신용불량 때문에 도전의 길이 막힌 가장들과 기업인들에게, 제2 도약의 발판을 마련하여 개인도 살고 가정도 살고, 국가도 경제 부흥의 시대를 맞이하도록 한다.

투자, 제조, 서비스, 유통, 비상장 주식구매, 원자재수입가 이루어지고, 벤처협회. 중소기업협회와 원스톱 연결망을 구축하고 국제 연대를 통해 세계를 도전함으로써, 창업의 기회가 솟아나 전무후무한 세계 경제 부흥의 시대를 열린다.

경제 활동에는 전혀 무관하게 비건전성으로 고착화되고 있는 가상화폐의 건전성을 회복하고, 실물 경제에 도움을 주는 실물 가상화폐의 시대를 열어가자고 한다.

벤처인들은 투자 정보의 배분은 협업을 통해서 각자의 기술적인 메커니즘에 부합하도록 정보네트워크를 구성할 수 있다.

스타트업은 도전 열기라는 새로운 시도이다. 이는 왕성한 열망을 전제로 하며, 누구나 도전 앞에 설 수 있을 때 선진 문명이라 할 것이다.

정부가 시행하는 지원법에 근거 벤처 및 창업인들에게 전달되는 여러 가지 지원사항을 체크하면서 창업을 하고자 하는 사람들의 요구사항을 면밀하게 검토한 후, 이들의 구상이 현실적인 경제 활동으로 진출하도록 경로를 마련해 주는 역할을 한다.

특히 자본은 벤처창업에 있어서 가장 중요한 가치를 지니기 때문에, 아무리 좋은 기획도 번번이 좌초되거나, 아무런 뜻을 펼치지 못하고, 깃발을 걷어야 한다.

정부의 창업 지원법의 권리는 인간의 기본권에 속할 만큼 시대는 변화되었다. 모든 인간은 창업의 기회가 쥐어질 권리가 있다. 그럼에도 불구하고 아직도 창업의 문턱은 높고, 그 벽을 뛰어넘으려는 사람들의 한숨은 깊다.

우리는 벤처 코인을 통해서 벤처의 기회를 박탈당하고 살아가는 사람들에게 무한 기회를 주고자 하는 마음에서 개발의 목적을 두었다.

중소기업 창업 지원법의 조항을 살펴보면 다음과 같이 실패한 사람들의 제2 창업이 얼마나 힘든 일인가를 여실히 증명해 보이고 있다.

우리는 이와 같은 현상에 대한 파악을 통해서 전 세계 창업인들이 닫힌 문을 열어 신나고, 빛나는 도전 앞에 서서 중단 없이 달려가기를 여망하는 마음을 담아 개발계획을 수립하게 되었다.

기존 제2 창업 환경

창업자 → 신용불량자 → 정부 지원 없음 → 진출 안 됨

재창업 장기간 소요

창업자 → 신용불량자 → 무 → 펀드조성 → 가능

창업 단기간 완성

창업자 → 신용불량자 → 무 → 펀드조성 정보차단

영원한 실패

먼저 사회적 공감대를 형성하고, 금융 자본 시장에서 창업의 대안으로 라이선스를 받는다. 경영협회의 추천을 받거나, 협약을 통해 벤처인들의 사회적 공론과 공감의 바탕 위에서, 자생력 확보에 도움을 주는 자금조달, 안정적인 금융처로 활용이 되도록 기술적인 구성요건에 최선을 다한다.

코인을 통해서 벤처 자금을 마련할 수 있도록 하고, 거래소에서 또는 코인으로 펀드를 조성했을 때 투자자들이 불안하지 않고, 함께 공생 동반성장할 수 있도록 조기 상장을 목표로 한다.

벤처 코인의 비전은 다음과 같다.

벤처 코인 비전 1

암호 화폐시장의 최대 불신요인이 되어온 다단계식 시한부 경영에서는 전혀 볼 수 없었던 기업의 사회적 책무와 역할에 대해서 관행적인 흐름을 비추어 볼 때, 우리의 선택과 결정은 매우 혁신적이었고, 미래 화폐로 인정받고 있는 암호 화폐가 시대 속에서 인정을 받고, 기업인도 정상적인 기업인으로 존경받는 시대를 선도하는 기회로 삼을 만큼 우리는 혁신의 길을 선택하는 경로를 만들어 주려고 한다.

벤처 코인 비전 2

이제 우리는 보다 명확하고, 진전이 있는 기술구성을 통해서 창업인과 투자자들이 상호적으로 긴밀히 필요로 하는 투자이익증여, 비상장 주식공유를 통한 협력경제 데이터 연결망을 구축하여 실제적이고, 상대적 이익이 있는 알고리즘을 개발하는 계획을 수립하기 위해 온 힘을 쏟아부을 것이다.

벤처 코인 비전 3

벤처 코인 운영체계는 창업자와 투자자 간의 연결망을 제공하고 한쪽은 투자이익, 한쪽은 벤처창업의 기회를 득한다.

벤처인이 거래소에서 구입한 코인을 소지하고 있다가 가격이 오를 때 다시 매입하거나 미리 벤처 코인을 상장 전에 매입하여 상장날 매각한 후 수익을 창출해서 창업자금으로 활용하는 단계를 거치게 된다.

만약 벤처창업인이 코인을 주식시장에 내다 팔지를 않고 소비하고 있는 상태에서 거래소에서 매각이 달성될 때 코인을 구매한 자는 창업자의 소개소 정보를 숙지한 후 창업인의 기업가치와 기술력이 미래적이고 성장 가능성이 있다고 판단이 서면 비상장주식을 살 수 있는 경로를 마련해주어 창업주와 투자자 간 별도의 투자와 지속적인 재원 마련 연결망을 제공하는 절차를 거치게 된다.

이때 창업주는 코인을 매각하여 자금을 마련하고 비상장주식을 매각하여 이중으로 자금을 마련하는 이익을 보게 된다. 우리는 여기에서 그치지 않고 창업주들이 제품을 팔 수 있는 전자 상거래를 구축하고 이곳을 통해서 유저들은 제품을 코인으로 구매할 수 있도록 하려는 것이다.

벤처 코인 비전 4

우리는 엄중하고 명확하게 암호 화폐의 전체 시장을 지배하거나 관여, 개입, 영향력을 행사하려는 뜻을 세우지 않았다. 벤처창업과 관련된 공산품, 생산, 수출, 수입, 공급, 제작, 미용, 건강식품, 자가 진료 시스템 개발에 역점을 두어 장려할 것이다.

벤처 코인 비전 5

벤처 코인은 이러한 유통질서 내에 흡수되어 사용자 간의 편리성과 상호 이익을 증대시켜주는 투자 재화 가치로 지속적이고, 안전성을 이룬 미래형 기업가치와 사회적 책무를 다하는 모범적인 기업이 될 것이다.

벤처 코인 비전 6

벤처 코인은 높은 단계의 기술 융합을 이루고, 실제 생활 속에서 결제 수단으로 중단 없이 구현되기를 여망하고 있다.

벤처 코인이 이러한 순기능을 정상적으로 가동하여 창업과 벤처 복지실현이라는 역할을 담당해 낸다면, 전 세계 벤처인 모두가 실패를 뛰어넘어 도전의 날개를 활짝 펴고서 자아실현과 생존의 활동성을 되찾게 될 것으로 믿는다.

벤처 코인 비전 7

우리가 벤처인들이 신용불량이라는 벽을 뛰어넘어 창업자금을 얻을 수 있는 호환성과 증식 기능을 갖고 있다.

또한 창업인이 조합을 만들어 투자수익을 올렸을 때는 이익금 중 10%를 조합에 자동으로 적립하게 하여 후일에 벤처창업에 실패했을 때 적립금을 다시 수령해서 창업자금을 마련할 수 있도록 한다.

창업주. 주식매입, 거래소상장. 가치증식. 매매 자금 확보, 벤처창업 성공. 비상장주식판매. 연구비 개발비 확보. 제품 출시. 전자 상거래 등재. 재구매. 매매. 재투자. 지속적인 투자자금 확보. 평생 동안 재도전 기능. 고인 구입. 새판매. 원자재 구입. 원스톱가치 구현.

벤처 코인 비전 8

초정밀 빅데이터 인공지능 알고리즘과 상용화에 따른 메커니즘을 상업화하여 국가, 창업, 국민, 생산자, 펀드, 소비자를 하나로 연결하는 상호 이익증여 실물 경제 기여 플랫폼을 만들어 투자 환경과 창업환경을 개선해 갈 수 있다.

이번에 자체적인 기획과 전략에 의해서 발생한 생태계 조성을 통해서 벤처 코인은 가상화폐의 환경 안에서 분명한 존재 이유를 찾게 될 것이다.

다른 코인과 달리 유·불리를 따지는 유저분들이 실생활에서 사용하고 구매해야 하는 이유가 충실한 명분에 근접할 수 있을 것으로 본다.

우리는 현재 여타의 코인회사들이 장기적인 미래 비전 없이 전시적인 청사진만 가지고 시한부 기업을 만들어 다수의 피해를 양산하는 구태를 반복하고 있기에 그들 다수가 지향하고 있는 방침을 따르지 않는 것이 옳다. 처음부터 나중까지 스스로 시장의 대응력을 키우고 선도하여 경쟁사들로부터 독보적인 주도권을 가지고 성장의 발판을 삼아야 한다는 것이다.

우리는 기업의 윤리 지침과 가치규정, 지속적인 성상 비전, 시장 친화적인 시스템 마련, 공정한 경제순환을 따르고 상호 공유이익을 주고받는 시스템구축을 멀리하고 당연히 준수해야 할 기업의 사명에 부합하도록 노력하는 것이 아니라 오직 법망을 피해 가기 위해 기업의 구도를 잡고 기획하는 현재의 흐름은 최소한 지켜져야 하는 기업 정신을 역행하는 반기업 형태로서 우리는 그들의 의견에 반기를 들지 않을 수 없다. 기업은 희망 나누기이고 공동의 번영을 향한 가슴 벅찬 발걸음이다.

이미 다수의 실패가 정해진 피해와 눈물, 시비와 굴절을 만들기보다는 희망과 행복을 나누는 가치가 전제되어야 하지만 테헤란로의 가로등 불빛이 아무리 불야성을 이룬다고 해도 후자의 정신을 목표로 삼아 나가지 않는다면 불 꺼진 항구보다 적막한 불행의 불씨가 될 것이다.

우리는 자유 대한의 민주 진영 안에서 자유 시장 질서의 법과 규정을 따르고 준수하며 한 사람이라도 닥터 코인을 통해 행복해지는 시대를 맞이하고 싶은 것이다.

우리의 이러한 노력이 테헤란을 범죄 양성의 도시가 아니라 가상화폐의 공정한 정신을 심고 비전을 노래하는 희망과 정의로운 도시가 될 것이라고 믿어 이심치 않는 것이다.

혁신의 빈틈이 없는 곳은 없다.

무슨 일이건 새롭게 재편을 하여 시대가 요구하는 방향으로 나아가는 것이 옳다고 본다.

32
발명대학을 만든다

세계 최초 '발명전문대학' 설립을 추진한다. 21세기는 지식기반 사회를 뛰어넘어 창의적 기반사회로의 전환이 절실하게 필요하다.

애플 창시자 잡스는 지식적인 사람이 아니라 창의적인 사람이었다. 앎에 머물지 않는 새로운 것에 대한 끊임없는 탐구 정신과 실험정신이 하나로 결합하여 세계 IT 산업을 주도하는 뛰어난 신인류가 탄생되었다. 그가 세상에 전파한 것은 꿈과 상상이 현실이 되고 세계를 지배한다는 가능성이다. 한 사람의 뛰어난 창의력은 세계를 선도하는 귀중한 힘이 된다.

문명발전의 기본정신은 새로운 것에 대한 끊임없는 도전이다. 발명과 시도가 없는 역사는 진보적이고 합리적인 문명을 창출해내지 못한다. 대한민국은 세계가 인정하는 지식기반 사회이다. 그럼에도 불구하고 잡스 같은 독창적인 사람을 제대로 발굴하지 못하는 데는 우리 사회가 창의적인 인간을 배출하는 혁신개발 환경이 부족하기 때문이다.

지식과 창의력은 함수관계를 이룬다. 창의력이 없는 지식 사회는 세계를 주도하는 경쟁력을 갖추지 못한다. 지식은 가치를 활용하는 데 기여하지만 창의력은 역사를 선도하는 데 기여한다.

창의력은 새로운 지식이고 학문이다. 아이디어의 가치를 단순한 발상으로 치부하거나 이를 수용하고 양성하는 시스템을 하루빨리 구축하지 않으면 우리나라의 미래는 결코 밝지 않다.

창의력을 학문적으로 연구하고 이를 체계적으로 정립하여 21세기 미래 기술 사회를 개척함에 있어 주도적인 역할을 수행하는 선진국에 도달하기 위해선 발명종합대학을 설립하는 일이다. 발명대학은 그 자체가 상상의 전당이다.

현실과 동떨어진 상식의 무한 이탈이 사실은 세계를 주도해내는 힘이며, 기술과 과학의 어머니인 것이다.
그동안 우리 사회는 현실적인 사람의 꿈만을 귀히 여기고 인정해왔다. 현실을 뛰어넘는 절묘한 상상은 현실관에 묻혀 버렸다. 개인의 상상을 억제하는 시스템 속에 놓여 있었음을 부인키 어렵다.

그러나 모든 꿈은 현실이다. 모든 꿈은 지식이다. 모든 꿈은 현실의 어머니이다. 꿈은 현실의 반대라고 하거나 이상주의자의 허상으로 치부하는 사회적 분위기가 일소되지 않는 한 잡스 같은 영웅은 출현하지 않을 것이다.

과거 박근혜 정부가 창의 경제를 기조로 국가 운영체계를 조성하려는 결정을 내린 것은 발명전문대학의 필요성과 의의를 역사적으로 수용하고 강력하게 추진해야 하는 당위성을 갖게 했으나 이 또한 설계를 하지도 못하고 창조 경제는 그 막을 내려야 했다.

무한 자유, 무한 상상, 무한실험의 역사 행보는 21세기 대한민국을 움직이는 귀중한 인재자원 발굴을 완수하는 도약의 막중한 임무가 될 것이다.

따라서 우리 모두는 미래 사회의 유능한 인재를 배출하는 발명전문대학을 설립하는 일에 일신의 나태 앞에서 고개 숙이지 않고, 지역과 연고에 주춤하지 않으며, 개인의 이익에 포박당하지 않는 오직 순수한 역사 기여의 사명 앞에 하나로 결집하여 개인의 희생 앞에서 망설이지 않아야 할 것이다.

나는 본 사업이 구국의 사업이요, 나라 사랑의 과업이며, 미래 창조 역사의 주역이 되는 대의의 사업임을 대외적으로 천명하고, 그 깃발 앞에서 임무를 완수하는 날까지 묵묵히 숙연하고자 한다.

또한 전국에 있는 깨어 있는 지성과 미래의 혜안이 있는 책임 있는 분들이 서로 힘을 모아 대의의 사업에 적극적으로 동참하게 되기를 진심으로 기원하는 바이다.

아래는 대략적인 추진조항이다.

【표어】

상상은 모든 문명의 앞선 기술이다.

【기대효과】

1. 세계 미래 기술 사회 주도

2. 발명의 가치 재인식

3. 능동적이고 체계적인 발명기반 조성

4. 지식기반의 활용가치 증대

5. 국가 비전 출구 전략 항구적인 대안 마련

6. 발명의 전 사회적 분위기 상승

7. 신학문 개척으로 인한 국가의 대외적 위상 제고

8. 창조 경제의 정책수용환경 조성

9. 국가 지적재산의 자산 가치 증대

10. 산업 생산성의 외연확대

11. 발명기반사회의 선진화 달성

【학생교훈】

제1) 우리는 상상의 가치에 멈추지 않고 헌신한다.

제2) 우리는 창의적 인간 배양의 절대 과제에 적극적으로 순응한다.

제3) 우리는 발명이 인류 문명의 어머니임을 널리 인식한다.

제4) 우리는 더 나은 세상에 필요한 절대 지식이 발명임을 만천하에 호소한다.

제5) 우리는 오직 발명에 의해서만 존재함을 선언한다.

【강령】

제1) 우리는 학생 개개인의 재능발굴에 혼신의 힘을 기울이며, 그들의 상상과 발명의 의지를 드높이는 데 공헌한다.

제2) 우리는 발명대학이 세계 창의개발을 선도하는 최고의 명문학부가 되도록 개개인의 가치를 최대한 존중하기로 한다.

제3) 우리는 학생들의 소리에 귀 기울이고, 그들의 관심을 소중히 여기며, 그들이 상상하는 모든 것에 경각심을 잃지 않는다.

제4) 우리는 우리의 목적이 개인의 창의를 소중히 여기고, 발명에 뛰어난 인재를 국가에 배출하는 데 있다는 사실에 중심을 잃지 않는다.

제5) 우리는 학생들이 무수한 도전과 무한상상의 나래를 펼 수 있는 모든 가능성에 우선한다.

【경영이념】

제1) 상상 세상열기의 날개를 지향

제2) 무한 창조의 개념파괴

제3) 모든 발명의 현실화

제4) 유일한 단 하나의 인재 발굴

【전체 학과】

1. 산업디자인발명과

2. 핸드폰발명학과

3. 컴퓨터발명학과

4. 영농재배발명학과

5. 관광 자원개발 발명학과

6. 자동차기술발명학과

7. 환경재앙방지발명학과

8. 도로시스템발명학과

9. 주택개선발명학과

10. 수질개선발명학과

11. 정치발전제도발명학과

12. 일자리창출발명학과

13. 생활필수품발명학과

14. 에너지절약발명학과

15. 창작기획 발명학과

16. 문화자원개발 발명학과

17. 아이디어 창작발명학과

18. 상상학과

19. 국가 프로젝트 발명학과 (추가적으로 필요에 따라서 개설할 수 있다.)

　우리 당의 부족한 제안이 나라와 부강을 위하고, 높은 단계의 창의적인 나라를 선진국가를 건설하는 데 일조할 수 있다면 그것으로 족하다.

　필자는 지금까지 우리 사회에 많은 제안을 해왔고, 직접 구현한 일도 적지 않다. 일부는 사회와 국가가 채택하여 빛을 본 적이 없지 않다.

　만약 필자의 제안이 긍정적이고, 비전이 있다고 판단되면 좋다고만 말하지 말고, 이 같은 필자의 제안과 밀애를 즐기고, 이를 현실화시키는 데 앞장서는 사람이 생겨나기를 진심으로 바라는 바이다.

33
선진국 진입을 위한 신일자리 창출 창조 100대 직업

 직업이 부족한 것은 사회 희망과 관련 있다. 젊은이들이 사회에 진출하기 쉽지 않은 요즘이다. 진로를 정하지 못해 아우성치는 사회의 미래 주인들이 자신이 연구한 실력과 기술을 사용하는 환경이 부족하다는 것은 우리 사회의 경제 순환생산 활동성이 상대적으로 빈곤하기 때문이다.

 역사의 미래와 직결되는 젊은이들에게 도대체 우리 기성세대는 무슨 일을 저지르고 있는 것일까! 현재의 기성세대들이 미래는 생각하지 않고 현실에 안주하면서 기득권 싸움만 해왔는지 자성해 볼 일이다.

 직업은 사회 존속의 성장판이다. 학구열이 높으면 뭐 하나 정작 젊은이들이 자신이 갈고닦은 학문을 제대로 펼쳐 보이지 못하고 있는데 말이다. 이는 국가의 생산성 활동에 삘긴 신호등이 켜져 있다는 사실을 증명한다. 갈수록 생산성이 둔화되고 우리는 어제보다 작아진 희망을 안고 살아가고 있다.

직업 연구, 전 국민 참여가 필요하다.

정창덕 총장님은 전문적인 일자리 전문가로서, 학자로서 대단한 창조력을 겸비한 분이다. 나는 그분의 놀라운 창의력이 국가의 백년대개를 설계하고 위대한 선진국가를 조성해 가는 데 크게 쓰임 받기를 기대하고 있다.

필자는 직업 전문가는 아니지만 매우 절망적인 시대적 상황을 묵도하면서 우리 자신이 젊은이들의 삶이 희망이 넘치도록 좀 더 미래 예측과 현실개선책을 내놓지 않고 안일과 사익의 노예가 되어 살아왔는지를 반성하게 되었다.

이제 그들의 손을 잡아 주고, 그들의 불만과 그들의 지식을 귀중하게 여기는 사회적 풍토가 전 사회에 퍼져나가야 한다.

직업은 누구나 연구하면 좋은 대안을 찾을 수 있다. 반드시 전문가가 사회 시스템을 운영해 나가는 것은 아니다.

세계 최고의 학구열로 학생들을 지지고 볶아 성장을 시켰으면 그들이 배운 고급지식과 기술을 사용하려고 노력해야 한다. 그래야 우리가 수많은 돈과 정성을 들여 가꾼 학생들이 하나하나 민족 역량을 상승시키고, 선진국으로 발돋움하는 자원이 되는 것이다.

교육계 관점의 질적 변화 필요

교육계와 부모들의 반성이 필요하다. 공부하라고 회초리 들고 높은 수업료를 받아 챙겼으면 적어도 학생들의 진로를 걱정하고, 기업과 정부와 연대하여 신직업 창출 연대연구시스템을 구축하여야 했다.

시장에 내다 팔지 않는 소를 많이 양육하는 것과 다르지 않다. 지식을 배웠는데 지식을 사용할 때가 없다는 기이하고, 모호하기까지 한 현상을 이제는 멈추어야 한다.

대학은 기업이 취업의 숫자를 늘리기를 바라고만 있을 것이 아니라 신설 학과를 개설하여 지식의 유통질서가 확립될 수 있도록 만전을 기해야 한다. 대학 스스로 직업을 발굴하는 노력이 병행되어야 좌절하는 젊은이들의 숫자가 줄어들 것이다.

신 직업 발굴 연구 클럽을 제안한다.
나는 본업은 아니지만, 앞으로 직업에 대해 지속적으로 연구하여 발표를 할 것이다. 내가 연구한 것 중에는 중복되거나 국가가 진행하고 있는 유사한 것도 있을 것이다. 전문가 그룹을 결성해서 연구하지 않았기에 미숙한 점도 있을 것이다. 그러나 분명한 것은 나의 연구는 갈수록 깊어지고, 창조적으로 변할 것이며, 광범위해

질 것이다.

나의 연구는 오직 젊은이들에게 희망을 선물하고 싶다는 연대책임 일념 때문이다. 미래의 희망은 젊은이들만의 몫은 아니다. 기성세대는 젊은이들이 미래의 역에 제대로 정착할 수 있도록 가교 역할을 해야 한다.

이제 그들이 배운 지식과 기술을 실험할 수 있는 광범위한 장터를 조성해 가는 데 전 사회가 중지를 모아야 할 것이다.

필자 두 사람은 각계각층의 사람들이 모인 신직업 연구 클럽 결성을 제안한다. 좀 더 나아지는 세상은 만들려면 팔짱 끼고 기다리는 것이 아니라 분야와 관계없이 실천하고 연구를 해야 한다.

이번 기회에 대학 당국은 학생진로 직업발굴 연구센터를 개설하여 부설기관으로 두어 학생들의 미래와 희망의 파이를 키우는 일에 전념하기를 진심으로 바란다.

아래 내용은 두 번째 연구 결과이다. 되도록 정치인들과 국가와 대학교와 기업들이 나의 부족한 제안을 깊이 숙지하고, 살펴보는 시간여행이 되기를 간절히 바라는 바이다.

100개의 신 직업을 말하다

1. 미래사회변화대응설계사

미래는 불투명한 시간이다. 미래를 보는 눈을 익혀서 현재를 보낸다면 미래를 내다보는 능력은 저절로 익혀진다. 그리고 앎을 통해서 미래를 준비하는 삶과 그렇지 않은 삶은 분명 차이가 있다. 우리의 현재가 불투명한 것은 다가오는 미래에 대한 대응력을 키우지 않았기 때문이다.

미래사회 변화대응 설계사는 미래를 불안하게 살아가는 수많은 젊은이에게 보다 명확하게 미래를 들여다보게 하고 그러한 설계를 통해서 현재의 삶이 원숙해지는 결과를 가져다줄 것이다.

2. 통일 경제 전문 설계사

통일은 과제이면서 모든 국민이 참여해야 하는 씨앗을 심는 일이다. 가슴에 새겨서 관리해야 하는 민족번영을 알리는 밭이다. 국민이라면 누구나 밭에 나가서 통일벼 씨앗 심는 농부가 되어야 한다.

따라서 통일문제만큼은 남북경제협력지원특별법을 만들어서 통일문제가 권력에 따라서 좌우되는 시대가 아니라 언제나 변함없이 통일을 향해 한발 한발 나아가는 계단식 통일방안을 연구하고 정착시켜 놓아야 통일은 한 발 한 발 민족 대단원의 축제 앞으로 걸어가도록 할 것이다.

권력이 소유한 힘이 지상의 과제인 통일을 앞설 수 없다. 통일이 우선과제이다. 이제 우리 정치인들은 통일을 위해서 정치의 유·불리를 논하지 않는 순수한 국민 통일준비위원회를 발족시킬 필요가 있다. 한 가지 밥솥 가지고 밥을 해 먹으면 되었지 매일 밥솥이 바뀌면 정신 사나워서 밥을 해 먹을 수는 없다.

나라의 일이라는 것도 선후가 있고 변함없이 이어져야 하는 과제가 있다. 그런 점에서 통일 경제 전문설계사는 매우 사회적 위치가 보장되는 직업이 될 거라는 전망을 하게 된다.

3. 무기 전문 디자인 설계사

4. 지자체 예산 절약 전문가

5. 난개발개선방안설계사

6. 앱툰 유통 대행 전문가

7. 중소기업 상품 시장 분석사

8. 해외관광객유치대행전문가

9. 도시공해해결설계사

10. 관광 상품 발굴 연구원

11. 코인투자설계사

12. 고독사 방지 학원

13. 독신자 주거 설계사

14. 취미활동전문설계사

15. 학생 건전놀이연구원

16. 고부 갈등 화해 조정사

17. 세일 정보대행서비스

18. 비상금 재테크 관리대행업

19. 해외 진출 안정성 조사업

20. 중소제품시장진출보조사

21. 독신 장례설계대행업

22. 냉장고 정리정돈대행사

23. 사무실 절약설계사

24. 신발 소독 출장관리사

25 치과 출장관리사

26. 안과 출장관리사

27. 실버 친구중개업

28. 역사 이야기 대행업

29. 가정 행복 설계사

30. 병실 방문 힐링 전문가

31. 바이어접대설계사

32. 지하업소 환경 안전관리사

33. 반려견 행복 설계사

34. 가정집보안설계사

35. 국제 발명대회 참가 알선중개업

36. 태아 교육 전문업

37. 차량 실내공기안전관리사

38. 기업가치 융합 설계사

39. 기업발명대행업

40. 전원주택 에너지 절약설계사

41. 기업가치 평가 출장 상담사

42. 보육 교사 스트레스 관리사

43. 도덕 교육 생활설계사

44. 오토바이안전교육사

45. 왕따 발생 조사원

46. 청소년 행복 놀이 문화강 사

47. 등산 출장 동행업

48. 기업 봉사 알선업

49. 성공 귀농 자격증 취득사업

50. 귀농시험답안지사업

51. 선진문화거리조성컨설팅

52. 청소년아이디어훈련강사

53. 자녀교육설계사

54. 청소년 역사 탐방 교육 강사

55. 홀맘 가정 경제 개선 설계사

56. 실내공기 오염 실태 조사원

57. 요가 출장 교육사

58. 지자체 상생 기반 조종전략가

59. 전원주택보안설계사

60. 귀농 현지 적응 상담사

61. 노숙자 질병 및 생활 개선 지도사

62. 대학 취업 알선 지도사

63. 가정 파괴 사이비 종교 조사 보고원

64. 국가 경제 절약프로그램개발자

65. 근로자 생활 보장보험

66. 드론 고장 수리 서비스센터

67. 대학학과개설 연구 대행업

68. 한옥 건축 실무 출장업

69. 다문화 가족 고충 처리업

70. 도로휴게실출장안마서비스

71. 직장인 웰빙 체육 교육사

72. 골목 상권 매출 성장 설계사

73. 미래기술개발연구대행업

74. 한류문화상품개발연구대행업

75. 일류 문명 개발 연구 설계사

76. 정치신인 교육 설계사

77. 일인반찬사업

78. 호출경호서비스

79. 아토피 출장치료사

80. 실버학습지

81. 컴퓨터교육출장강사

82. 직거래유통정보사

83. 인터넷신문 광고 알선 안내원

84. 직업 알선출장 상담사

85. 일일 근로 택시 기사

86. 이동식차량화원사업

87. 신제품 사용전문 모니터요원

88. 보험약관판독대행사

89. 알뜰 신혼살림 구매대행업

90. 출장 이혼 고충 상담사

91. 독서출장훈련사

92. 왕따 피해 발견상담사

93 인적네트워크 정보제공업

94. 임대분쟁해결사

95. 주식정보출장상담사

96. 체질건강음식출장교육사

97. 어머니출장요리교육사

98. 주거유해 환경 해소원

99. 해외 관광 상품 감별사

100. 아동유해음식감별사

101. 지적 재산권중개인

102. 실버 애완견 관리사

103. 기부 알선 심사관

104. 출장 건강 검진원

105. 발명가 육성학원

106. 치매방지 연수원

107. 인터넷 유해정보조사원

108. 이사요금공정가격중개인

34
출산 장려 정책의 입법 활동 지원

출산이 풀 수 없는 수수께끼 문제로 치닫고 있다.

모두는 젊은 세대들이 출산을 꺼리는 게 하나같이 경제가 힘들고 미래의 모든 것이 불안하기 때문이라고 한다. 덧붙여 젊은이들의 일자리가 없다는 것이다. 젊은이들이 일자리가 없는 것이 아니라 너무나 편안한 것을 찾고 있으며 자신의 경쟁력을 갖추려는 생각은 하지 않고 사회 환경과 정치적 이념논쟁을 일삼고 있다. 정치가 모든 것을 해줄 거라는 지나친 기대를 키우는 데 관심이 커지고 있다.

지금보다 찢어지게 가난하던 시절에 우리는 가족을 이루는 것을 참된 행복 기준으로 살아왔다.

누군가와 짝을 이루고 살아가면서 힘겨운 일이 있더라도 앞의 존재를 책임지고 더불어 행복할 수 있는 일을 찾은 것이다.

지금은 생존의 원형이 바뀌었다. 핵가족 시대를 뛰어넘어 독신자를 희망하는 사람들이 넘치는 시대가 되었다. 적은 숫자에 길들여진 사람들은 관계성에서 사회성이 떨어지고 책임감도 떨어진다.

지금은 누군가를 책임지고 누군가와 가족을 이루고 살아가는 일에 대해서 관심 자체가 없다. 인터넷이 만든 문화적 폐단이고 멸망의 전조이다. 책임감에서 벗어난 젊은이들이 결혼을 기피하고 나홀로족으로 살아가려는 이상 정부가 아무리 정책을 잘한다고 해도 도도히 흐르는 시대적 변화 현상을 바꿀 수는 없다.

이 모든 것은 인터넷 발달이 불러온 재앙이다. 기업들은 혼자 살아가도 충분히 재미가 있고 충분히 행복하다는 거짓된 헤게모니를 심어서 기업의 성장을 이끌고 있다.

우리는 기업이 얼마나 사회의 구조를 망가트리고, 전통적인 사회의 구조를 해체시켜 놓았는지 알아야 한다. 경제의 이득을 가져다주었다고 해서 그들의 죄를 묻지 않을 수는 없다.

하나의 기술을 연구할 때 편리성만 추구해온 우리나라의 기업문화는 지향점을 바꿀 필요가 있는 것이다. 이제 조금 더 지나가면 우리의 젊은 세대들은 기업의 선택에 춤추는 생물적인 소비의 주체가 되어 그들이 정한 대로 놀아날 것이 분명하다.

기업은 갈수록 혼자서 살아가는 문화를 만들고 그러한 문화를 통해서 돈 버는 일을 즐길 것이다. 기업은 하나의 기술을 만들어내더라도 역사의식과 소명을 가지고 개발해야 한다.

오늘 우리가 만든 기술이 역사에 도움이 되고 건강한 사회성을 잃어버리게 하지는 않는지 따지면서 기술을 개발한다면 오늘날 무책임한 젊은 세대들의 출현 같은 이렇게까지 심각한 상황은 도래하지 않았을 것으로 보인다.

젊은이들 문제에 대해 우리는 모두가 책임감을 가지고 있으면서 어떤 해를 끼치고 살아왔는지를 파악하지 못하고 있다. 사정이 이러한데 젊은 세대가 결혼을 기피하는 현상을 그대로 파악하지 못하고 현 정부만을 욕을 하고 손가락질을 해대며 자신의 정치 입신양명을 삼아가는 풋내기 머저리 정치인들을 보면 한심한 생각을 지울 길이 없다.

그들 중 소수의 젊은이들은 스스로 미래를 개척할 힘도 능력도 없다.

나는 이러한 난국을 멈추고 대한민국이 누구나 가정을 이루어 서로 믿고 의지하고 책임감이 있는 따스한 사회가 되고 그러한 사회성이 길러진 정서적인 사람들이 넘쳐나는 사회를 만들기 위해 특단의 조치를 취해야 한다는 의견을 밝힌다.

'지자체 핵가족 제한법', '독신자 지원 차별법'을 만들어서 지자체가 불어나는 핵가족을 무작정 허용할 것이 아니라 기본적으로 독신자나 핵가족을 제한하고 상한제를 법령을 둔다면 최소한 핵가족으로 인해서 결혼을 기피하여 미래 국가 노동 생산성의 추락하는 불상사는 발생하지 않을 것이다.

이와 같은 방법이 국민의 평등권을 침해할 소지가 없는 것은 아니지만 그들이 국가의 몰락을 부르고 건강한 사회성을 무너트리는 세력으로 성장을 한다면 국가는 이들을 막아야 할 의무와 책무가 있는 것이다.

국가의 총체적인 위기를 부르는 사안에 대해서는 강제적인 규제를 통해서 막아야 국가가 몰락의 길을 가는 불운한 상황을 미연에 방지할 수 있지 않나 생각을 해 보는 것이다.

독신자들을 장려하고 도와주는 것이 아니라 독신자들은 취업이나 정부 지원법에서 지원을 감소시키는 방안은 연구해 볼 필요가 있다. 건강한 사회가 유지가 되려면 강제적인 요소가 있어야 한다. 사회는 나 혼자만 살아가는 것이 아니기 때문에 사회의 건강성을 회복하는 일에 힘을 보태야 할 것이다.

35
자연에너지 발굴대책

  자연에너지 발굴대책은 태양광이나 수력을 이용한 발전 모델을 연구하는 학과를 만들어 미래를 준비하는 사회적 풍토를 조성해 나가야 한다.

  예를 들어서 풍력 발전을 이용하게 되는데 지금까지의 방법보다는 더 혁신적인 방안을 연구할 필요가 있다.

  현재는 수십 와트 규모의 초소형부터 수백만 와트급의 초대형까지 다양한 풍력발전기가 개발되어 전기 생산에 이용되고 있다. 이것은 전 세계적인 흐름이다.

  1990년대부터 덴마크와 독일 등지에서 급속히 발전하여 전 세계에 빠른 속도로 보급되고 있는 풍력발전기는 자연을 이용한 에너지 확충방안으로서 친환경적이지만 지금보다 고도화된 연구를 통해서 더 큰 전기와 에너지를 얻을 수 있다고 본다.

  소형은 건물 지붕에도 설치되지만, 대형은 바람이 강한 평야와

구릉 그리고 바다에 세워진다. 그런데 바람이 불지 않으면 풍력발전기는 아무런 소용이 없다. 만약 인위적인 바람을 만들어서 가동률을 높인다면 에너지를 얻는 측면에서 상당한 유익을 가져올 것이 분명하다.

풍력은 기후변화를 일으키는 온실가스를 내놓지 않는다. 한국은 풍력발전에 대한 관심은 높은 편이지만 지형적, 군사적, 행정적 제약으로 인해 빠르게 보급되지는 않고 있다.

현재 바닷가와 내륙 산꼭대기에 설치되고 있는 풍력발전기를 옥상에 설치하면 기존의 전기를 가지고 풍력발전기를 가동할 수 있는 길이 열리게 된다. 낮에는 태양광 발전을, 밤에는 풍력발전을 가동하면 밤낮을 가리지 않고 친환경 에너지를 얻을 수 있다.

중요한 것은 바람을 만들어내는 기술이다. 구름을 만들어 비를 뿌리듯이 인공 바람을 많이 만드는 기술을 개발한다면 우리나라가 친환경 에너지를 만드는 일등 국가가 될 것이라고 생각해 본다.

첫 번째 물레방아 방식이다. 풍력기 앞에 작은 풍력기를 매달고 그곳에 물레방아 기를 장착하는 것이다. 작은 곳의 풍력 기를 돌려서 큰 풍력기를 가동하면 바람을 지속적으로 돌릴 수 있다.

또 하나는 바람을 일으키는 드론을 출동시켜 방향을 잡아서 돌리게 되면 나비 효과라는 것이 작동하여 바람을 불게 할 수 있을 것이다. 또한 바람기 양옆에 고리를 만들어 전기가 아닌 수동원리로 양쪽 거치대에서 풍력기를 돌리게 하면 되지 않을까 하는 생각이 든다.

36
국민 행복 증대

국민 행복 기본권리 증대방안 연구 및 정책 마련을 정책적으로 연구하고 민간연구 기관에게도 의뢰하여 행복한 대한민국을 만들어 가는 데 있어서 정치적인 역량을 강화하려고 한다.

행복은 인권의 천부적인 가치이면서 정치가 추구해야 하는 이상이다.

잘사는 나라 부유한 민족이 이상과 꿈이 되어버린 대한민국에서 행복은 신기루가 되어 버린 지 오래이다.

"국민 여러분 삶이 힘드시지요."

이러한 전시적인 구호는 선거 때만 대면 남발하는 단골메뉴이다. 그런데 이런 구호적인 정치 이상과 국민을 향한 외침은 오히려 국민의 삶을 행복하게 하지 못하고 현실적인 괴리 속에서 영혼은 피폐되고 행복과는 전혀 거리가 먼 시민 생활을 만들어 놓았다.

국민들의 자살률이 세계에서 가장 높은 이유는 바로 물질만능주의를 행복의 척도로 삼고 정치인들이 벌이고 있는 국민 기망극의 결과이다.

지난 정권이나 현 정권이나 가릴 것이 없이 실지로 국민을 배불리 먹였느냐 하는 질문을 던져 본다면 우리 국민들이 여전히 허리띠를 졸라매고 살아가고 있다.

이제는 여하한 경우라도 권력자의 횡포와 민심이반의 과욕 그리고 자신의 입신출세를 위해서 국민의 삶을 볼모로 잡는 히틀러 같은 역사적인 범죄를 자행하면 안 될 것이다.

물질에 이상을 정치적인 이상을 심고 달려온 대한민국은 지금 영혼의 상실감 존재의 회의 미래에 대한 불투명, 추락한 도덕적인 윤리감, 양극화로 인한 소외감, 난세의 지도자를 자처하면서 선량한 국민을 현혹하여 종교의 하수인으로 삼고 가정을 파탄 나게 하고 있으며 그밖에도 선지자를 자처하면서 역시나 국민들의 주머니를 털어가는 야바위꾼들이 활개를 치고 있는 세상이 되었다.

우리는 가정을 파괴하고도 공정한 거래법에 저촉을 받지 않고 나라의 민심을 흉흉하게 하는 사람들을 척결하지 않는 것은 모두가 하나같이 표를 갈망하기 때문이다.

인간은 행복해야 할 권리가 있고 그러한 권리는 천부적이며 외부의 어떠한 세력들로부터 침해를 받으면 안 된다. 그런데 나라가 침해하면 국민이 행복할 권리를 침해하면 거짓 선지자들이 수십만의 가정을 파탄 내는 일은 그대로 방조하고 묵과하고 있는 것인가!

지금이라도 가정을 파괴하고 혼란과 분열을 부추기는 어떠한 세력이나 거짓 선동자들을 특별법에 의해 엄중하게 다스리는 강력한 법을 제정할 필요가 있다. 예를 들자면 허위사실유포가정 파괴사회 혼란방지법, 가정의례준칙 위반법을 제정하여 거짓된 망상주의자들이 국민의 주권적인 행복의 가치를 상실하거나 빼앗기는 세상은 만들지 말아야 한다.

물질이 삶의 원형이 되는 순간, 그 나라의 국민은 정신적인 삶의 원숙미와 내적 성찰의 가치관을 잃어버리면서 삶의 존재감에서 깊은 회의를 갖게 된다.

국민 행복 시대는 법 제정부터이다. 그리고 대통령이 되면 법을 바꾸어 버리는 상습적인 자기구제 자기권리 보존식의 법 제정은 이제 정치판에서 사라져야 한다.

정치가 얼마나 국민에게 실망을 안겨 주었다면 많은 국민들이 허상을 좇아 가정을 버리고 가족과 등지면서까지 사이비 종교와 거짓 선동자에게 삶을 내던지는 세기말적인 막살이 현상이 일어나겠는가 말이다.

국민들이 합리적 인식 교육을 받아 보지 못한 사람들이 유독 종교적인 맹신에 빠져 재산을 다 날리고 여성들은 교주들에게 인권을 매장당하고 온갖 수치와 모멸을 당하면서 생을 연명해 가고 있겠는가!

37
미래창조당

윤리와 도덕 중심 교육방안/ 시장경제의 평등과 상생 준칙법률 대책
마련/ 창조적인 인간을 배양하기 위해, 발명대학설립의 표준화 마련/ 공
생 공영의 사회적 시스템 기반 마련/ 귀농 정책의 선진화와 입법 마련

위와 같은 가치 구현 이외에 인간의 삶이 행복할 수 있는 환경과
제도를 만들어가는 데 총력을 기울이며, 독점적 재벌과 사회성의
가치를 잃어버린 자본의 폐단을 일소하고, 시장 자유 경쟁의 원칙
을 삼아 나가되, 모든 국민이 겪는 재난에 대하여서는 전 방위적인
문제 해결을 위해 정부와 경제가 하나의 목표로 선을 이루는 자본
양분의 시대를 열어나가기로 한다.

경쟁의 평등권이 보장된 가치들의 무한 경쟁을 통해서 국가의 경
쟁력을 높이고, 행복한 대한민국을 실현하기 위해 당의 모든 권한
과 경쟁력을 의무화하는데 심혈을 기울이며, 정당의 중심 목표로
삼아 나간다.

당의 주권은 국민에게 있고, 당은 국민의 안위와 행복을 달성하

는 데 주력하는 정책을 펼쳐 나간다.

개인의 자질과 재능을 발굴하고, 연마해 나가는 사회적 환경을 골고루 구축하되, 그러한 재능이 꽃피우는 학문탐구의 기회를 제공하고, 라이선스뿐만 아니라, 재능도 학문의 분야를 담당하며, 사회적으로 존경받고, 후학들을 길러낼 수 있도록 학위를 수여하는 제도를 만들어 재능 있는 사람들이 학위 불평등을 받지 않도록 학문과 재능을 동등하게 바라보고, 예우하는 사회를 만들어나갈 것이다.

인간의 행복은 사과나무 밭에 누워서 떨어지는 사과를 받아먹는 나태한 복지혜택을 누리는 데 있지 않다. 서로 존중하고, 믿고 이끌어주는 사회, 그리고 노동한 만큼의 대가를 받는 복지환경을 만들어 선의적인 경쟁을 기하고, 가치를 부여받는 데 있다는 사실을 중시하여 꿈을 꾸는 누구나 그 꿈을 실현하는 데 필요한 자원과 재원 얻고 기술을 배우고, 익힐 수 있도록 진로 복지의 길을 열어 주는 데 총력을 기울여 나갈 것이다.

하나의 새로운 발명은 에너지의 발견과 같다. 이는 한 사람의 아이디어가 다수의 사람을 먹여 살리고, 길을 터주는 놀라운 업적이므로 그 이상을 실현하는 데 어려움이 따르면 안 된다. 따라서 국가는 발명가 지원 입법을 만들어 지적 새산권 하나라도 사장되게 하지 말아야 하며, 이러한 발명가들이 더욱더 원숙해지고 깊어지고, 시대를 앞서는 단계로 진입하게 됨으로써 산업사회의 근간은 튼튼해지고, 미래 사회를 선도하는 부강기술 선진 한국을 선도해 나갈 수 있다고 보기 때문이다.

발명가가 만든 지적 재산권은 개인의 소유하되 지적 재산관리 방안을 개인에게 그 책임을 묻기보다는 정부가 조력하고, 자금을 조성해 주어야 한다. 이를 발명복지라고 명한다.

발명복지는 창의적인 인간을 양성하는 데 필요한 모든 사회적 환경을 조성하는 선진국가의 길로 가는 중요한 방안이 될 것이다.

국회는 반드시 아이디어 심의 기관을 입법화하여 지적 재산권이 사장되는 일은 미연에 차단하고, 발명가를 육성하는 사회 환경을 만들어 주어야 한다.

창의적 인간을 양성해야 한다고 말들을 하면서 그에 따르는 세부적인 사안을 연구하고 방안을 구축하지 않는다면, 이는 국가의 살림을 맡아 하려는 사람들의 생각이 아니라, 국가를 상대로 자신들의 야망만 채우려는 태도라고 본다.

모당의 당헌 당규를 보면서 왜 우리나라가 현재 나라 정치를 잘 하고 있으면서 반대의 물결 속에서 이토록 힘겹게 나아가야 하는 지를 충분히 알 수 있다. 그들은 노농자를 앞세워 부를 창출하고, 그 부를 가지고 수십 년 동안 아니 수백 년 동안 내림의 부를 갖고 살아가려는 부르주아의 꿈에 취해 있다. 그러한 풍요를 다시 갈망하고 누리기 위해 이토록 반대를 위한 반대의 물결을 만들어 나라를 혼돈 속으로 밀쳐 넣고 있다.

이는 곧 성공적인 정부를 만드는 데는 여야가 초당적으로 협력해야 함에도 일에는 관심이 없다는 점을 알 수 있는 대목이다.

현 정부가 무조건 실패를 해야 거부 또는 반대 민심을 만들어 현 정권을 무너트리고, 다시 정권을 잡을 수 있다는 목적 이외에는 없다.

그 과정에서 부를 가진 상류층 사람들은 돈이 있기 때문에 견디어 낼 수 있었다. 아니 상류층은 나라 경제가 어려워질수록 돈을 더 버는 상황이 만들어졌다. 이러한 경제 구조를 아는 서민들은 적었다. 서민들을 공산정권을 막아야 한다는 것에서 명분 삼아 거리로 쏟아져 나오게 했다.

가진 자가 없는 자들을 피를 빨아 더 큰 부를 쥐어 경제가 어려워지는 것은 상관하지 않은 채 무조건 현 정부가 빨갱이니까 이러다가 나라가 거덜 나고 자식의 앞길이 막히는 것은 아닌가! 하는 마음에 일당을 받고 거리로 몰려나와 반대를 위한 신 반대 물결을 일으킨 그들이 아줌마 부대이다.

자식 용써서 키워 놓았더니 나라가 공산주의가 된다고 이구동성으로 소리를 지르니 아무것도 모르는 국민들은 거리로 쏟아져 나오지 않을 수 없다. 게다가 국민을 먹여 살린다는 삼성 대기업을 죽인다고 떠들어 대는데 국민 누구라도 불안한 마음을 갖는데 그 가족들은 말할 것도 없다.

그들은 공산주의 하면 몸살을 앓을 만큼 적대적인 마음을 가지고 있다. 전쟁을 체험한 세대들은 하나같이 공이라는 글자만 앞에 놓여 있어도 내장이 꼬이는 세대들이다.

동존상잔의 아픔과 충격이 그만큼 크다는 건데, 이해는 가지만 그들보다 더 뛰어난 경쟁력을 앞세워서 체제를 기피하고 비판을 하면 모르나 같은 민족을 체제와 사상이 다르다고 해서 무조건 기겁을 하고 문을 닫고 손을 잡는 일은 멀리 하려하니 통일은 바로 이런 분들 때문에 장밋빛 전망은 흔들리고 부정적인 조짐의 빛은 점점 어두워져 가고 구호로 그치고 말 것이라는 불길한 예감을 하는 사람들이 많아진 게 현실이다.

사실과 진실을 혼동하지 못하고 분별하지 못할 만큼 정확하게 목표를 정하고 표적을 정해서 반대를 위한 반대의 물결을 만들어 냈으니, 상류층을 제외한 돈 없는 서민들과 중산층은 멸망할 수밖에 없고 국가를 공산당에 통째로 팔아버릴 수 있다는 가짜 소식을 자주 접하는 사람들은 보통 불안한 것이 아니다.

사실 왜곡의 이념 주입은 국민의 생각을 단세포로 만들어 버리는 주술적인 염력이 있다. 이구동성으로 늑대소년이 광장에 집단으로 나와서 농사꾼들은 전부 사람으로 변한 늑대라고 소리를 지른다면 누가 판단 착시현상에 걸리지 않을 것인가!

반대를 위한 반대가 가져오는 양분법적인 정치개념과 적대 감정은 사회를 혼란 속으로 몰아넣을 수 있으며 충분이 성장을 가로막고 국가를 어두운 그늘 속으로 밀쳐 넣어 버릴 수 있는 것이다.

외부로부터 오는 침략은 내치와 단결로서 물리칠 수도 있으나 내분은 어떠한 제재로도 방어가 안 된다. 그래서 침략 중에 가장 큰 세력은 내분이라고 하는 결론이 적합하다.

그런데 이와 같은 민족끼리 지역끼리 식의 정치 문화는 자신이 선호하는 당이 대통령을 하거나 선거에 이기기만 하면 잠잠해지는데 선거승리의 기쁨을 누리는 시간은 잠시고 취임 첫날부터는 야당의 극렬한 반대와 맞닥뜨려야 한다.

조용하고 끈끈한 결속력으로 나라를 다스리는 성공적인 전략을 수립해야 하는 여당은 그런 일은 뒤로 미루고 야당과의 싸움과 걸어오는 시비를 응대하느라고 식은땀을 쏟아야 한다.

우리 국민은 단 한번도 박수를 쳐주며 권력을 내준 적도 없다. 언제나 사나운 맹수 눈을 하고 꼬집고, 비틀고 흠집을 내기 위해 혈안이 되었다.

이러한 반복되는 과정에서 국민이 체감해야 하는 정치 문화충격으로 인해 국민이 겪어야 하는 고통이 크고 분란이 조성되어 나라가 흉흉해진다는 점은 안중에도 없는 것이다.

야당은 일정 부분 이러한 직조된 인위적인 반대 민심을 만들어내는 데 성공을 했으나, 진정 나라를 위하는 세력뿐 아니라 이 나라의 부흥에 앞장서서 공헌해온 노동자와 농민, 우국지사들은 정부 여당이 나라의 발전을 이끌어내지 못했으나 혼란의 책임이 야당에 있다는 정도는 깨닫고 있는 것이다.

야당은 깊이 돌아볼 필요가 있다. 최근의 혼란이 누구의 책임이며, 조장된 결과인지 말이다. 야권이 정권을 잡으면 유독 반대를 위한 반대의 물결이 무척이나 강했다. 그들은 모두 돈을 가진 부르주아 계급이었기 때문이다.

다시 말해서 정권이 성공하게 되면 자신들의 입지가 좁아지고 재탈환의 기회를 상실할 수 있다는 위기의식 때문에 성공적인 정권을 만드는 데 일조할 수 없었다.

응당 반대를 위한 반대를 하느라 나라를 온통 소란 속으로 밀쳐 넣었다. 이는 전 세계사에 전무후무한 반대를 위한 반대의 정치를 해온 치욕스러운 반역사적 기록이 될 것이다.

일부 가진 자들은 여당을 무능한 정권으로 만들어 경제의 흐름과 물꼬를 막아서 서민의 삶이 더욱 힘들도록 앞장섰다.

이러한 역사적인 반역행위를 함에 있어서 명분을 찾기 위해 대기업은 돈줄을 막아 쌓아놓고, 나라를 위하는 일에는 절대 쓰지 않았다.

나라가 위기를 맞이할 때마다 외국은행에 돈을 빼돌리고 국가를 떠날 준비를 한 것은 모두 상류층이었다.

문민정부 집권 기간 여야가 합의를 이룬 것은 모두 자신들이 정권을 잡으면 유리한 것들만 조용히 합의를 이루었다.

인간의 행복이 증진되어야 하는 목표는 과정의 일이 아니라 결과에 초점이 맞추어져야 하는 절대적 과제로서 국민의 행복이 상승하고 지켜지는 일에 매진해야 하며 어떠한 집단의 이익을 위한 희생양으로 삼거나 여하한 경우라도 국민의 희생을 목적으로 삼아서는 아니 된다.

또한 조직의 존속을 위해 밀거래를 겨냥한 위정자의 드러나지 않은 권한이 국민의 행복을 침해하는 수단으로 사용되어서는 안 된다.

우리의 목표는 잘사는 대한민국이지만 그 안에 국민의 행복을 증진하는 일에 무조건 정당의 목표를 삼아 나가야 한다.

다시 말해 성장을 최우선으로 하는 정책이 오히려 인간의 행복을 보장해 주지 않고 좌절과 실의와 삶의 가치를 상실하는 동기가 될 수 있다는 가정하에 정치의 이상은 수립되어야 할 것이다. 따라서 국민의 생명과 안전을 지키는 것은 사회 존속의 모든 가치보다 더 우월하다. 국가 안보는 무엇보다 우선된 가치를 지닌다.

국가의 가치를 경시하는 국민들이 많은 지금 끈끈한 협력을 바탕으로 의식개혁이 단행되지 않으면 안보는 국가의 운명과 국민의 안위와 생명은 지켜질 수 없다. 국민에게는 정치적인 이념에 따라서 이합집산하지 않은 주체적인 선 애국정신이 가슴마다 아로새겨 있어야 보국은 가능하다.

국민의 정신이 호국으로 뭉칠 때 국가 안보는 완성이 된다. 우리는 북한의 호전적인 태도와 전군의 전시 태세로 무장한 정책으로부터 자유 대한의 민족적인 권리를 사수하기 위하여 강력한 국방 태세를 갖추고 안으로는 온 국민의 나라 사랑하는 호국의 정신을 무장하는 데도 온 힘을 쏟을 것이다.

다만 정치적인 유·불리에 따라서 안보를 따지거나 북한의 일방적으로 적대시하는 정책을 펼치지 않을 것이며 그리한 세력과는 손을 잡지 않을 것이다.

안보 강화를 통해서 민족의 국토와 안위를 지키고 공산국가의 침략에 맞서는 힘을 배양하면서도 호혜 평등의 원칙을 고수하고 민족 통일의 과업을 포기할 수 없기에 교류와 안보라는 두 가지의 대북정책 기조를 통해서 민족화합과 통일의 문을 열어 놓는 정책을 강온 정책을 펼쳐 나갈 것이다.

평화는 호혜의 원칙 안에서 자라나는 생물과도 같다. 민족 통일은 평화의 정착 안에서 물꼬가 트이고 구체적이고 점진적인 성장을 위해서는 평화의 사회적 시스템이 뒷받침되어야 한다.

현행 정치는 정권 창출이라는 명분에 치우쳐 있다. 정권은 또다시 재집권이라는 목표 아래 집결을 하게 된다. 자기식의 고유한 패거리 정치가 사라지지 않고 기승을 부리는 것은 지나친 정권 야욕이 넘쳐나고 있기 때문이다. 국민들이 정치 이념의 노예가 되는 이유이기도 하다.

국민을 위한 정치가 목표가 아닌 정권이 목표가 되는 현행 정치의 환경 안에서 국민이 행복한 정치실현은 불가능한 일이다. 우리는 여야의 존재적 가치와 이유에 대해서 깊은 성찰을 하지 않으면 안 된다.

정치 개혁은 구호로 끝나고 국민은 불안과 방황을 할 수밖에 없다. 정치 지형은 국민 생활의 안정을 해체하기도 하고 상승시키기도 한다. 따라서 정치가 원숙한 상태로 성장을 하려면 여야 합치 기본 의결권이라는 제도를 만들 필요가 있다.

여야 합치 기본 의결권이란 민생을 문제에 대해서는 여야가 나라의 근간을 지키고 국민 행복을 흔들지 않도록 일정 부분 의무적으로 합의를 보아야 한다는 것이다. 국민의 삶이 정권이 바뀔 때마다 정치의 소용돌이 속에서 불안해져 가는 반복적인 악순환의 고리를 단절해야 국민 삶의 질이 상승될 수 있다.

정권이 국가와 국민의 운명을 좌지우지하는 행태는 국가 운영을 실패를 부른다.

38
내가 바라본 정창덕 송호대학교 총장

한마디로 그분은 현시대에 몇 되지 않는 뛰어난 역사가이면서, 강력한 리더십이 있는 지도자이다.

전 세계의 문명을 바꿀 수 있는 저력을 가진 사람! 지구인이라기보다 훨씬 앞선 문명 속에서 살다가 뚜욱 하고 하늘에서 떨어진 인류 구원의 선각자라고 하는 것이 맞는 평일 것이다.

그만큼 그의 머릿속에서 나오는 아이디어는 타의 추종을 불허한다. 뜻과 설계가 없는 공허한 전시적 구호로 무장한 정치인들의 말은 공중에 흩어지는 메아리요. 실익을 구하지 못하는 단견이요 알맹이가 없는 쭉정이 같아서 국민의 마음을 하나로 묶어 내지 못하지만 입을 통해서 나오는 말은 하나같이 금과옥조요. 머릿속에서 전해지는 말은 군더더기가 없고 지각변동을 몰고 오는 뛰어난 전략이다.

그는 가장 오래도록 대통령을 꿈꾸면서 변함없이 창조와 발명하는 일을 중단 없이 진행하고 있다. 위대한 국가건설의 지도자가 되기 위해서 창조적 외길투혼을 묵묵히 걷고 있는 신념의 사나이요 단단하고 실현 가능한 구국의 설계를 가진 사람이다.

나는 이분의 능력만큼 뛰어난 사람은 아직 만나보지 않았다. 어두운 하늘에 갑자기 벼락이 치면서 검은 하늘이 광명을 뿜어내는 순간을 다들 목격을 해서 알고 있을 것이다. 그가 쏟아내는 말은 미래의 비전과 현실개선의 대안을 담고 있다.

그는 매일 미래 비전을 찾고 미래는 미소 지으며 그를 찾아온다. 역사를 위해 바치려는 숭고한 애국애족의 민족정신은 하루 종일 그의 가슴과 영혼을 뒤흔들어 놓고 있다.

지나가는 시간이 멈추어 서서 그의 입속에서 나오는 지혜와 비전을 듣고 싶어 할 정도로 그의 머릿속에서 나오는 창의력은 깊은 우물 속을 들여다보듯이 무한한 경지를 느끼게 한다.

그냥 학자로 살아가기에는 그의 혜안과 지도력은 남다르다. 나는 그분에게서 민족의 지도자상을 본다. 강력한 리더십을 발휘하여 대한민국이 세계사에서 가장 위대한 민족으로 남겨지는 뜨거운 역사를 열어갈 유일한 내안 인물이니고 생기한다.

물론 기성 정치인을 밀어내거나 대항으로 가로 막아설 필요는 없다. 그는 아직 젊고 뜨겁다. 그리고 그는 지속적으로 성장을 하다가 급속히 민족의 지도자로 지목을 받을 것이라고 믿는다.

나는 마음속으로 굳은 결의를 했다. 그가 걸어가는 길에는 내가 다리를 놓아둘 것이요. 그가 걸어가는 길에 어둠이 찾아오면 등대가 되어 줄 것이며 그가 걸어가는 길에 어두운 세력이 날개를 펼치면 준엄한 결사의 항전으로 그의 길을 막는 어두운 세력들과 맞서서 지킬 것이라고 말이다.

세상의 신의는 꺾이어도 나의 신의는 꺾이거나 변질되지 않을 것이다. 그를 존경하고 사랑하는 마음은 바위보다 흔들리지 않을 것이다.

누군가 견제하기 위해 그를 비방하면서 막아서는 세력이 그를 비방한다면 나는 절대로 그러한 비방에 동조하지 않을 것이다.

세상 사람 모두가 반대를 해도 나는 그를 찬성할 것이며 구국의 사상적 결의의 동지로서 설령 세상이 그를 비난하는 날이 온다고 해도 나만큼은 그를 높이고 그가 온전히 참다운 존재라는 사실을 망각하지 않을 것이다.

39
이낙연 대표를 평한다

대통령은 운이라기보다는 치열하게 생애를 살아내는 웅비의 날개가 기운차고 목표가 흔들리지 않는 투철한 신념의 소산에 의해서 만들어진다.

따라서 지나치게 운명론을 따르다 보면 강인한 신념이 사라지고 사람과 운명에 기대는 나약한 사주 철학을 믿고 따르게 된다. 일국의 대통령이 사주팔자만 믿고 따라다닌다면 뭔가 묵직하지 않고 가볍다.

대통령에 취임하게 되면 대통령을 본받는 사람들이 많이 나타난다. 아이들은 대통령 꿈을 꾸기 시작한다. 그런데 국민의 운명을 책임지겠다고 나선 사람들이 사주팔자나 논하면서 대통령을 꿈꾼다면 대통령을 본받고 싶은 아이들이 본받는 사람의 격에 맞지 않은 일이다.

강력한 리더십, 꼴찌에게 힘찬 박수를 들려주고 일등은 꼴등을 품고 기회를 나누는 사회. 나의 행복이 타인의 행복에 영향을 주며 행복을 결정짓는 중요한 요소가 된다는 것을 알고 실천하는 사회.

우리 사회의 행복 관념이 물질로 규정되어 버린 후부터 도처에 넘쳐났던 행복은 색깔도 희미해지고 그 모습조차도 사람들이 쉽게 찾아내지 못하도록 지워져 가고 있다. 지구에 숲이 없으면 재앙을 부르듯이 인간의 삶에서 행복이라는 열매를 쉽게 얻어내지 못한다면 삶의 연명은 허망한 본능적인 대물림 같은 것이다.

기회를 나누지만 공정한 가치로 남을 일을 우선하는 사회. 따스한 이웃을 바라거나 발견하려 하지 말고 스스로 누군가의 따스한 이웃이 되어주는 사회.

넘어진 자, 갇힌 자, 실패한 자를 찾아서 위로하고 박수를 치는 일도 중요하지만 그가 다시 일어나 가장으로서 어깨를 펴고 살아갈 수 있도록 신용 불량이라는 불명예를 씌워서 새로운 반전의 기회를 가로막기 보다는 성실함과. 성공 가능성. 아이디어가 준비되었다면 묻지도 따지지도 않고 다시 도전할 기회를 주는 기회 평등, 지속 도전이 가능한 사회를 만들어가야 한다.

덜 가지면 불편하기는 해도 가진 것이 넘쳐서 불안한 것보다는 좋다는 전제하에서 행복이 시작되는 사회를 우리는 꿈을 꾸고 있다.

이제는 우리가 행복한 시대를 열어가는 첫 번째 관문이 물질의 풍요가 아니라 정서적 충만과 군중 속에서의 고독이 사라지고 세상 어느 한 사람이라도 빠지지 않고 서로 손을 잡아 주는 사회를 바란다.

남을 사랑하는 마음이 습관이 되는 사회/ 서로 돕는 것이 전통인 사회/ 부모에게 효를 다하는 것이 가장 가치 있는 일이 되는 사회/ 꿈을 꾸지만 작은 꿈 큰 꿈을 나누어 비교하고 사회적 차별적 신분을 만들지 않는 사회/ 한번 의 실패를 논하기보다 2번의 도전을 준비해 줄 수 있는 사회/ 받고도 배부르지 않은 복지는 복지가 아니라는 것을 알고 가는 사회/ 어려운 이웃을 보면 눈물을 흘리는 것이 전통인 사회/ 가는 곳마다 기회의 꽃은 만발하고 서로 돕는 선행이 자고 나면 더해지고 자고 나면 더해지는 사회/ 꿈을 꾸었다면 그 꿈이 개인의 꿈이 아니라 국가와 민족에게 영향을 주는 일이라고 생각할 수 있는 성장하는 사회

이렇게만 되어도 우리의 가슴을 옥죄어오는 도심 속의 고독은 사라질 것이다.

이낙연 대표는 사회를 가장 아름답게 구석구석 변화를 일으킬

수 있는 점진적 개혁자라고 믿는다. 그는 가장 합리적이고 치밀한 국가경영전략을 세운 행정 정치 달인이다. 신중하지 않고 국가경영의 결단을 즉흥적으로 진행한다면 국가의 함선은 얼마 가지 못하고 난파되고 말 것이다.

대통령은 하늘의 법을 따르고 집행하는 위대한 직분이다. 하늘법이란 세상 법은 하나도 놓치지 않는 승화된 구도적인 자세를 말한다.

세상을 읽어내는 지혜가 없으며 천하는 문을 닫고 길을 떠나간다.

이낙연 대표는 개인의 역사와 운명을 위대하게 개척하고 시작과 결말을 매듭짓는 상황에서 소수의 권리보다는 다수의 권리를 제공하되 소수의 권리를 착취하는 방향이 아니라 소수의 권리가 다수 안에서 지켜지도록 통합의 문화를 열어가야 한다는 통합의 시대 인식을 갖고 있다.

나는 이낙연 대표를 개인적으로 존경한다. 대표는 정치권이나 국민들에게 다소 우유부단하고 결단력이 부족하다는 평을 받고 있다.

그는 버들잎처럼 유연하고 비행기 조종사같이 신중하다. 젊은 날의 고난을 가장 적절하게 성공으로 승화시킨 장본인이기 때문이다.

그는 비범하고 조용하며, 인고의 날을 견디며 성장한 뚝심이 있다. 아픔을 돌아보는 시각을 갖고 있는 유일한 정치인 들판에 홀로 서지만, 남의 횃불을 끄지 않고, 손에 쥐지도 않는 광야에 홀로 선 대범한 정치인!

위기를 기회로 만드는 독특한 그의 정치력은 굳이 말을 하지 않아도 온 국민이 반드시 사용해야 하는 대통령감이다.

그는 국무총리 시절 늘 새로운 시도와 변화로 생명력을 발산시켰으며 조직을 긴장과 통합적인 관리로 안정성을 유지시켰다고 한다. 어쩌면 그는 가장 이상적인 정치인인지도 모른다. 중단 없이 새로운 것을 속삭이는 그의 뜨거운 가슴은 온 민족 온 나라의 장래와 운명을 품어내기에 충분하고 넉넉한 가슴이라고 본다.

한강의 기적 이후에 우리 민족에게는 역사적인 비전을 가져다준 정치인이 없었으나, 나는 이낙연 대표가 모든 국민이 여망하는 위업을 달성해 줄 것으로 믿고 있다.

나는 이낙연 대표께서 정창덕 총장 같은 분과 신의의 맹세로 교류하고, 소통하여 한층 더 빛나고 큰 시노딕을 발휘하는 시간을 맞이하면 어떨까 하는 의견을 가져본다.

사람이 기회라고 생각한다. 사람과 사람이 잘 만나면 새로운 기회가 만들어진다. 어쩌면 이러한 마당을 만들어 드린 것이 두 분의 인생을 가장 빛나고 영화로운 단계로 진입시키는 기회가 될 수도 있을 것이다.

40
정세균 전 총리를 말하다

정세균 전 총리는 온화 조화 소통의 정치인이다. 그러면서도 책임감이 강하고 조용한 가운데 평형의 원칙을 고수하며 공정의 추가 명확한 정치인이다.

종로 국회의원 시절의 그를 가까운 거리에서 뵌 적은 있으나 사석에서 만난 적은 필자가 언론사를 운영할 때이니 오래전이다.

얼굴에서 풍기는 그대로 그는 침묵 속에서 따스함이 묻어나고 결단의 과정을 치밀하게 이행하는 사람이다. 국정이 통합의 기류를 타고 있는 상황인 것을 보면 다행스러운 일임을 알게 한다.

정치란 도를 걸어가는 길이다. 대길은 민족 통합의 길을 의미한다. 거시적인 안목도 중요하지만 국민의 정서적 단합 지역적 단결. 이념적인 통일성을 유지하고 발전시키려면 역시 대안은 통합이다. 많은 정치인이 통합을 외치고 있으나 들여다보면 통합을 가장한 정권 창출에 더 무게를 싣고 있음을 알 수 있다.

나는 정치에 관심이 많지만 마이웨이 정치인들에게 너무나 질려서 거들떠보고 싶은 마음이 없다. 지금 이 나라는 원칙이 무너져 내렸다. 많은 정치인과 정당들이 혼돈을 즐기고 분열을 조장하여 정치적인 이익을 얻고 있다.

살생의 얼음판이 된 지 오래다. 국민이 희망을 키우고 민족사관이 일치가 되는 세상을 만들어 가는 정치인이 아쉬운 오늘 그래도 우리 곁에는 정세균이라는 정치인이 있기에 가슴이 적셔진다.

이제 차가운 정치판을 따스하게 온기로 감싸줄 정치인이 우리에게는 필요하다.

나는 정세균 정치인에게 후한 점수를 주는 것은 그의 리더십이 국민 통합에 있고 그러한 정치 철학을 갖춘 준비된 지도자라는 사실이다.

그렇다고 그가 무조건적인 통합을 외치는 사람은 아니다. 건너가야 할 강을 구분하고 함께 손을 잡아야 하는 사람이 누구인가를 명확하게 구분하는 냉철함을 가졌다는 사실이다.

그는 거짓말을 할 줄 모르는 몇 안 되는 정치인이다. 솔직하고 소탈한 그의 자화상은 국민의 행복을 열어가는 정치인이라는 신임을 갖게 한다.

정치는 승부 열전이다. 누가 이기던 그것은 국민의 축제가 될 것이고 겸허하게 받아드려야 하는 역사의 기록이다.

  나의 바람은 오직 국민의 혼자만의 바람일 뿐이다.
  결국 누가 되던지 간에 과거 역사의 회귀가 아니라 미래 열기가
되고 희망의 천국이 되는 나라를 만들어 가는 데 희생과 노력을
아끼지 않는 정치인이 나라의 대통령이 되었으면 하는 바람이다
이것은 결코 나 혼자만의 바람은 아닐 거라는 사실을 정치인들을
새겨서 후대에 영원히 장엄한 역사에 명예롭게 남겨지는 정치인이
되었으면 한다.

41
참 정치인, 진보당의 심상정 의원

심상정 의원은 원칙과 소신이 틀리지 않고, 변동성이 없다. 일관된 소신을 가지고 정치를 하고 있다는 사실을 증명한다. 정치철학은 신분증과 같다.

부족한 예산으로 정치 생명을 유지하고 발전시킨다는 것이 쉽지 않은 선택이다. 예를 들어 대형교회를 가지 않고, 개척교회를 가서 목사를 하는 것과 다르지 않다. 불편을 감소하고 불편을 이겨내며, 부족한 가운데서도 밝고 긍정적으로 대안모색 정치 활동을 하는 심상정 의원은 참 정치인의 한 사람이라고 본다.

힘든 시절은 누구나 보내왔을 테지만 자신의 소신을 버리지 않고 성공을 하기란 쉬운 일이 아니다. 그의 얼굴에서는 불가능을 관통해낸 자긍심이 크고 숱한 위기를 기회로 만들어 낸 강인한 역량이 얼굴에서 보여진다. 형제간에 벌어진 일들을 놓고 그의 정치 생명에 메스를 가하려고 하지만 그는 건재할 것이다.

그 정도의 개인 생활을 가지고 있는 사람이 어디 대한민국에 한둘이겠는가! 그는 무엇을 버리고 무엇을 선택했는가!

그는 사익을 버리고 국가에 유익을 선택한 사람이다. 국민을 행복하게 해주려는 마음의 촛불을 끄지 않은 사람이다.

진보당의 약사는 시작부터가 난항의 시작이었다. 배를 띄워놓고 거대한 파도가 넘실거리는 모습을 바라보아야 하는 작지만 큰 정치인 심상정 의원은 모습은 바라보는 내내 숙연해지게 한다.

온몸으로 정치적 소신을 펼쳐나가는 철인 같은 심상정 의원은 생각해서 말을 하고 말한 것은 실천하는 정치인이다.

거대 정당의 틈에서 자신의 소신을 자신 있게 펼쳐 가는 모습에서 위기를 기회로 만들어가는 고독한 지도자의 모습을 엿보게 된다.

남이 가지 않은 길을 가는 자는 하나같이 위대하다. 그러나 심상정 의원은 더욱 위대하다.

나는 진보당이 정치 역사의 간격에서 곧은 소신은 가슴에 품고 가더라도 경계선을 뛰어넘어 유연한 협상력을 발휘하면 얼마나 좋을까 하는 바람을 가져본다. 그리고 진보당이 더 많은 의석을 확보할 뿐 아니라 나라의 중책을 맡는 시대가 더 빨리 다가오기를 기대해 본다.

비난 앞에서 우뚝 서서 자신의 정치철학을 실천하는 사람이라면 국가가 국민에게 진 부채를 갚고 국민이 그토록 열망하는 일류 선진 문명의 반열에 올려놓고서 정치가 국민들에게 사랑을 받는 시대를 열어갈 것으로 믿어 의심치 않는다.

과거 기록이 미래의 기록이 된다.
국가는 소신 있는 정치인을 필요로 한다.
위기를 기회로 만든 장본인을 원하고 있다.
국민을 위해 무엇을 할 것인가!
고민하는 등불 같은 정치인.
고민하는 정치인을 필요로 한다.
나는 그가 진보당의 심상정 의원이라고 말하고 싶다.

42
참 정치인, 더불어민주당 한명숙 전 국무총리

한명숙 전 총리의 성품은 온화 다정다감이다. 조화를 중시하고 어떠한 직분을 갖게 되었다고 해도 그 직분으로 인해 자신의 성품을 버리지 않는 청렴한 분이다. 민주화를 위해 바친 그분의 헌신과 동지애적인 열성은 눈물겨운 기록이다.

죄를 짓지 않았음에도 죄수복을 입고 상당한 기간을 지나오면서 얼마나 그분의 가슴이 늘어지고 찢기어졌을까? 지난 정권이 얼마나 못되었는지를 다시 한번 피부로 느끼게 된다.

역사는 사실관계의 기록이다. 검찰과 법원의 행위 또한 마찬가지이다. 사실의 은폐는 기록의 살해 행위와 같다. 나는 그분의 진실을 믿는다. 그리고 역사가 그가 흘린 눈물과 회한을 반드시 닦아주어야 한다.

기록을 조작하여 사건을 만든 정황이 있는 당시의 검사들은 백

번 천번 역사 앞에 당사자 앞에 사죄하고 스스로 그 벌을 달게 받아야 할 것이다.

순백의 청초한 이름 모를 꽃같이 아름다운 지성이여!
행동하는 양심의 꽃이여!
세월의 끝자락을 바라보면서 흘린 눈물은
역사가 저지른 오욕의 죄로 영원히 남아돌 것이며
진실을 두고두고 되울려지면서 역사를 단죄할 것입니다.

이제 정치의 봄은 왔습니다.
당신의 봄은 가을을 달려가고 있으나
당신의 꿈은 아직 봄입니다.
이제 시대의 봄 앞마당에 당신이 심어야 할 꽃씨가 있습니다.
아직도 당신은 역사를 위해 나서서 해야 할 일이 있습니다.

공정한 사회로 변화를 거듭하고 있는 민족을 위대하게 만들어 가려면 약자의 인권을 향해 칼을 겨누었던 세력들을 몰아내고 간힌 자들에게도 희망과 기회를 주는 선진 문명을 열어 가는 일을 해내 주십시오.

부자유한 세상에 갇혀 있던 시간 시간들을 스승으로 삼아 두 번 다시 당신과 같은 피해자가 나오지 않는 사실증언에 고개 숙이고 진실 찾는 여행에 양심을 팔지 않는 역사를 만들어 주는 데 사용해 주십시오.

역사의 발길은 당신을 기다리고 있습니다.

그 속에 넘어져간 무수한 사람들이 당신의 발자국이 민족의 장
래를 위해 바삐 움직일 날을 고대하고 있습니다.

참 정치인, 더불어민주당 당 대표 송영길 의원

송영길 대표는 노동운동과 민주화 운동을 전개한 인물이다. 소수 약자 편에 서서 학생운동을 주도해왔다. 노동 현장에서 각종 일을 배우면서 그는 나라의 미래를 통찰하는 큰 정치인으로 성장하게 된다.

그에게서 풍기는 날카로움 뒤에 숨은 따스함은 평소 가난한 사람들의 편에 서서 많은 세월을 그들의 권익을 위해 살아온 포용의 철학이 배어 있다. 교도소에 들어가서도 민주화 운동을 멈추지 않았다.

그는 뚝심이 있는 정치인이면서 논리의 거산이기도 하다 그의 언변은 막힌 것을 뚫고 이해하지 못하는 것은 이해시키며 합의 과정에 난항을 걸고 있는 문제를 손쉽게 관철시키는 능력이 남다르다.

이는 그가 설득의 정치인이며 교섭의 정치인이라는 점과 통합을 원하는 국민들에게 진정한 통합의 맛을 보여줄 정치인이라는 점이다.

그가 어떤 길을 걸어왔는지는 인물 검색란에서 알 수가 있다. 민주화 운동을 전개한 인물들의 생활상을 들여다보면 각자가 죽음을 두려워하지 않는 용기를 갖고 있었다는 것을 알 수 있다. 따라서 민주화 운동을 전개한 정치인들의 가치를 국민들이 귀히 여겨 살피고 지켜볼 필요가 있다는 의견을 내어놓는다.

　엄혹한 시대에 국민에게 필요한 것은 인권이 지켜지는 나라였다. 고문이 사라지는 나라였다. 그 속에서 국민에게 무엇이 필요했는가를 알고 행동으로 옮겨 실천하던 역사는 사실을 다루는 역사의 기록이면서 위대한 생애의 기록이기도 하다.

참 정치인, 더불어민주당 국회 이춘석 사무총장

더불어민주당 이춘석 사무총장은 3선 의원이다.

더불어민주당 국회 사무총장은 수석 원내 대표를 거쳤으며 최근 국회 사무총장으로 발탁되어 다시 중앙의 정치 무대에 진입했다. 과학 기술 지원법을 발의하여 4차 산업의 성장 동력을 전 사회적으로 실현하기 위한 법률지원을 정착시킴으로써 4차 산업의 연구개발과 투자 환경을 선도적으로 이끌어 가는 경쟁력을 갖추는데 크게 기여를 하였다.

이 점은 그가 미래를 내다보는 뛰어난 전략가이며 시대를 읽어내는 혜안이 있는 정치인이라는 점을 알게 하는 대목이다. 미래 사회는 기술집약형으로 전환이 된다. 이러한 기술집약형 국가로 경쟁력을 갖추려면 법안은 필수적인 조건이 된다.

그에게는 시대를 혁신적으로 바꾸려는 역사 인식이 분명하고 지역을 대변하는 정치인으로서, 일꾼으로시 소명을 다하려는 신념이 드러난다. 그의 정치인으로서의 자세는 정치인이 갖추어야 하는 국민 사랑 국가 사랑이 투철함을 증명한다.

정치인은 입법이 주 업무이다. 입법은 막힌 역사의 물꼬를 트고 엄혹한 역사를 빛이 드는 희망의 전야제로 만들어 가는 것이다. 역사의 끝은 언제나 희망이다. 우리나라 국회의원들이 모두가 입법에 골몰하고 의정활동을 전개해 나간다면 머지않아 대한민국은 정치 헌정사에 가장 뛰어난 업적을 남길 것이 분명하다.

그는 송호대학교 정창덕 총장이 추진하고 있는 스마트 혁신도시와 사물 인터넷을 기반으로 하는 초연결망 사회를 실현하거나 관련된 4차 산업의 연구실적은 그가 만든 과학기술지원법에 의해 빠르게 성장할 것으로 전망된다. 하나의 입법은 시대를 관통해내는 중요한 가치 수단이며 미래를 여는 마차와 같은 역할을 한다.

나는 그가 미래를 열어가는 데 초 급변한 사회를 시기를 놓치지 않고 대응력이 뛰어난 자질을 엿보게 된다.

그가 남긴 흔적은 너무나 크고 하나같이 국가와 국민을 사랑하는 마음으로 넘쳐나고 있다는 생각을 지울 길이 없기에 내가 그를 위대한 정치인이라고 주저 없이 평가하게 되는 이유이다.
나는 이러한 정치인이 배출되어 국회가 입법 활동을 하느라 불이 꺼지지 않는 날을 기대해 보는 것이다.

　　1973년 3월에 귀국, 불과 32세로 서강대학교 경제학과 조교수가 됐다. 박근혜 전 대통령이 김종인의 강의를 수강한 적이 있다고. 이 때문에 서강학파로 분류되나 선성장 후분배, 재벌 육성을 중심으로 한 압축 성장을 주장해온 남덕우 등의 서강학파 선배들과는 입장을 달리하는 2세대로 구분된다. 유신 때부터 박정희 정부에서 정책자문역할로 경제개발계획 수립에 참여해, 김재익과 함께 서독의 부가가치세를 배우러 출장을 다녀와 연구보고서를 올렸다. 이미 35세 노총각이던 김종인은 십수 번 선을 봤으나 인연을 만나지 못하고, 이듬해에 김재익의 중매로 김미경(金美經) 교수와 결혼했다. 서로 말이 잘 통했다고 한다.

　　김종인은 정치 전략의 마술사다. 시대를 앞선 신의 한수는 정치 환경을 바꾸고 지형을 바꾸고 권력의 흐름을 바꾸는 중대한 영향력을 행사한다. 그의 정치신념은 점진적 개혁과 온화 포용의 대통합이다.

여야를 넘나들면서 권력의 판도를 바꾸는 능력을 보면서 현대 정치사에 가장 훌륭한 인물이 아닌가 점치게 된다.

물론 정치력의 무게와 능력을 말하는 것이지, 그분의 인품과 사상을 말하려는 것이 아니다. 중요한 것은 왜, 김종인 전 대표가 어려움에 놓인 현실을 기회로 만들어 놓는 능력을 갖게 되었느냐는 것이다.

나는 그분이 어떤 정치인보다도 현실을 직시하는 능력이 탁월하며 노력을 게을리하지 않는다는 사실에 주목을 하고 있다. 그는 아마도 정치의 발전을 위해서 백만 송이 장미꽃을 그의 내면에서 키워 내었을 것이 분명하다. 위기 속에서 가장 앞선 방안을 찾아내는 그의 창조적 능력은 대통령을 했어도 전혀 손색이 없다.

민족의 역사 기록을 담당하는 정치의 발전을 위해서 백만 번을 생각하고 설계를 했을 정도로 그는 정치에 대해 연구하는 시간을 많이 보낸 것이 분명하다. 그리고 그 내면에는 국가와 국민을 아끼고 사랑하는 충정과 충복의 마음이 깊숙이 깔려 있었을 것이 분명하다.

그의 창의력은 온 국민이 본받을 만하다. 보슬비가 적셔 놓은 듯한 흰머리는 자칫 상대에게 역사의 시는 별로 인식되기 쉬우나 그의 머릿속에서 나오는 말과 설계는 젊음이 못지않은 활동성이 있다.

많은 국민들은 김종인 정치인을 존경하고 신뢰하고 있다. 나는 그분이 국가의 장래를 생각해서라도 오직 국가의 발전과 정치의 올바른 생태계를 조성하는 데 놀라운 능력을 보여 주셨으면 하는 바람을 가져 보는 것이다.

김종인 같은 정치인을 일선에서 물러났다고 해서 관계정리를 할 것이 아니라 (국가성장발전대책위원회) 비정당 무소속 기구를 만들어서 유능하고 뛰어난 역사적인 가치를 역사 발전을 위해서 사용함이 마땅하지 않은가 진단을 해보게 된다.

김종인 정치인은 내가 만약 정치판에 들어선다면 그분을 사표로 삼아 정치의 꿈을 달성해 보고 싶은 분이다.

그분은 출구 전략의 달인이요, 역사 해법의 9단이다. 막힌 물꼬를 트는 일은 신의 한수가 있어야 가능한 일이다. 수많은 정치인들이 그에게 열광하고 필자 또한 열광하는 것은 그의 머릿속에서 펼쳐지는 문제를 풀어가는 산술의 능력이다.

공학적인 창조력을 구사하는 능력은 세상의 온갖 진리를 터득하고 득도에 이른 도인 같기도 하다. 그의 눈매에서 발산되는 광채는 집도의 능력이 반복적으로 쌓여 배어 있는 공학적인 산술의 직사광선이다. 그 빛이 발하게 될 때 그는 천하는 도모하는 책략을 꾸미고 목표에 도달하는 승리의 기운을 먼저 가져가는 것이다.

일을 뛰어나게 하는 사람은 일의 시작과 결말까지를 꿰차고 앉는다.

계획을 세움과 동시에 결과에 도달한다는 뜻이다.

그래서 그들은 언제나 여유로운 빛을 얼굴에 드리우고 살아간다.

나는 김종인 정치인께서 이번에는 누구를 지지하여 새로운 지도자로 만들어 낼 것인가 내심 궁금한 생각을 지울 길이 없다.

참 정치인, 국민의 힘 이준석 정치인을 말하다

이준석 국민의 힘 대표최고위원에게는 아직 특별한 징후는 보이지를 않는다. 정당의 젊은 정치 환경을 만들어 젊은 표를 수혈받자는 취지에서 선택된 점이 그의 정치 역량을 가늠해 보는 잣대가 분명하지 않은 이유로 작용할 수 있다는 것이 아쉽다.

각종 토론에 나와서 야당의 논객과 마주하면서 국민의 힘 정책을 대변하던 열성적인 모습이 눈에 선한 젊은 정치인 그러나 그런 그의 도전에 박수를 치고 싶은 것은 인생은 무수한 도전의 열매이기 때문이며 그러한 쉽지 않은 도전을 통해서 그는 지금보다 더 큰 정치인으로 성장을 할 것이라고 믿기 때문이다.

젊지만 그의 논조는 강하고 분명하다. 때마다 그가 던지는 말은 평소 간직하고 길러진 소신이라는 사실이다. 그는 말을 할 때 어조가 분명하고 열이 뜨겁다 어찌 이렇게 소신을 가진 정치인을 대업을 맡기기에는 부적당하다고 말할 수 있겠는가!

그의 길도 대로이다.

대로는 정치인이 걸어가야 하는 숙명의 길이다.

나는 국민의 힘이 이준석 의원 같은 젊은이에게 당대표 권한을 안겨주어 고리타분하다는 보수의 색채를 싱그럽고 혁신하는 정당으로 거듭나는 기회로 삼아 나간다면 손실은 없을 것으로 전망하고 있다.

역사는 판을 갈아엎는 것이 아니라 변화를 받아들이는 작업이다. 그가 당대표를 맡아서 수행한다고 해서 국민의 힘이 무력화되는 것은 아니며 건강한 환부를 도려내는 수술이 되지는 않을 것이다.

길을 열어 주자. 젊은이에게 그들이 사생결단, 생존 열기 주인 됨으로 세상을 열어 가 보도록 기회를 주어 보자. 젊은이들도 하면 된다는 의욕과 가능성을 심어 주자. 역사의 주체자로서 리더로서 충분한가, 아닌가를 이참에 실험해보자.

그는 이제 비로소 정치의 꿈을 걸음마에서 날개를 단 독수리로 일약 비약적인 성장을 달려가는 가능성이 있는 필마가 된 것이다. 이준석 의원이 대표경선에 출마한 것은 보수 환경에서 본다면 획기적인 선택이며 보수가 진보를 뛰어넘는 정지 신인 성상 환경을 만들어 왔다는 신선한 사실을 확인케 한다.

신세대는 되고 구세대는 안 된다고 하는 이분법적인 논리는 진실의 접근에 불편을 느끼게 한다.

국민이라면 누구나 정치를 할 수 있고, 정치인이라면 누구나 최고의 자리에 오르려는 욕망을 가질 수 있다.

하향식이 아니라 상향식의 기질이 없이는 지도자의 꿈을 꾼다는 것이 도리어 우스운 일이다. 그런 점에서 나는 이준석 의원의 선택과 행복에 다른 것은 몰라도 큰 박수를 깔아 주고자 하는 것이다.

47
참 정치인, 이재명 경기도지사

본시 이재명 경기도지사의 논평은 2권에서 다루어 보기로 했으나 국민의 전폭적인 지지를 받고 있는 대권 대항마의 평을 미루는 일은 마땅하지 않다는 생각이 들었기 때문에 촌평을 내어놓는다.

먼저 이재명 경기도지사의 성장은 영웅적 요소가 매우 강하다는 데 있다. 그는 흙수저로 자랐지만 치열하게 법학을 공부하여 사시에 합격한 후 금수저의 반열에 오른 입지전적인 인물이기 때문이다.

자신의 불우한 운명을 금수저로 바꾼 이재명 경기지사는 사회의 경제 양극화 또는 소득 양극화 사이의 균열을 치유하고 균형적인 사회 복지시스템을 구현하여 국민의 생활이 안정을 이루는 일에 큰 관심을 두면서 정치 인생을 걸게 된다.

그가 입신양명을 달성하게 된 동기는 불평등이 사라지는 사회를 만들어가는 데 헌신하는 삶을 살겠다는 각오로부터 시작되었다는 점에서 공익적 사명감과 인간의 보편타낭한 존임성에 밝은 사람이라는 사실을 증명한다.

차별적 정치로 인한 불만 때문에 쌓인 시민들의 정치 혐오증을 해학을 담은 사이다 발언으로 대중적인 지지기반을 얻는 데 성공을 한 이후 그는 평소 자신의 통치 철학을 완결하는 실험의 무대를 찾다가 성남 시장에 당선한 후 당시 자신의 역량을 최대한 쏟아붓게 된다.

정치인이 자신의 철학을 일관되게 유지하면서 실험을 이어가는 정치인은 그리 흔하지 않은 시점이었다. 현실정치에서 책임을 미루고 민의를 수용하지 못한 채 성공하지 못한 정치인들이 많은 상황에서 이재명 지사는 성남을 가장 기회가 넘치는 도시로 만들어 놓게 된다.

빈민가, 유흥가, 어두운 골목길, 모란시장 등에서 실물 경기의 바닥을 들여다보면서 흥망을 점치던 시절이었다.

국민들에게서 상위의 선망은 전혀 갖추지 않은 도시가 전국에서 가장 일자리가 많고 소득창출의 기회가 넘치는 명품도시로 재탄생되는 순간을 맞이한 것이다. 그때쯤 흔히들 바닥 민심을 실어 나르던 성남 택시기사들은 연일 이재명 경기도지사를 입에 올려 칭찬하는 말을 달고 살았다. 필자 역시 이재명 경기지사의 창조적인 살림 능력을 보고 탄성을 자아낸 적이 있다.

그는 권력의 속살에 있기보다 언제나 시민 속에 있었다. 업무를 빈틈없이 완수하기 위해 독선적이고 날 선 카리스마를 엿보이기도 했으나 그 예리하고 고집스러운 성품은 역사가 또는 한 나라의 지도자를 꿈꾸는 사람이라면 반드시 갖추어야 하는 기본 덕목이라고 본다.

어찌 되었건 그는 자기가 맡은 성남이라는 소국가에서 타 소국가에서 부러워하는 신선한 정책을 끝도 없이 만들어 내었다. 우리 국민이나 필자가 관심을 기울여야 하는 점은 그가 쏟아낸 정책이 사람다운 가치가 넘치는 세상, 사람이 만들어가는 세상 사람이 기회가 되는 세상, 그래서 따스한 세상 적어도 나라의 지도자가 국민을 위해 애를 쓰고 있다는 명백한 신뢰를 주었다. 국가가 국민을 위해 헌신하고 노력하고 맡은 바 책임을 다한다면 삶이 나아지고 또 나아지는 삶을 살아갈 수 있는 것이라는 정책의 신뢰와 미래의 비전을 국민 각자의 가슴속에 심어준 것은 정치에 희망을 걸어도 된다는 여지를 갖게 했던 것이다.

역사는 어둠과 밝음이 교차하는 회비의 무대이다. 자립경제가 아닌 이상 모든 국가는 이런 한 치 앞을 내다볼 수 없는 예기치 않은 안개 속의 미지의 불운을 예비하며 달려가야 한다.

미래를 개척하는 힘은 오늘 우리가 무엇을 위해 준비를 하고 있으며 무슨 일에 자신의 역량을 쏟고 있느냐에 따라서 달라진다. 진정한 리더는 변화의 시계추 앞에 서도 담대해야 한다. 한 치 앞을 못 보는 불시야 정국 속에서도 마치 거울을 보고 있는 듯이 두려움 없이 역사의 창 앞에 설 수 있어야 한다.

국민에게 용기와 희망이 필요한 시대 속에서 진정으로 필요한 것이 무엇일까? 그것은 위정자들이 권력의 놀이에 취해 축제를 벌이는 것이 아니라 주어진 책무를 얼마큼 효과적으로 해낼 수 있는가에 대한 굳은 신뢰이다. 적어도 이 나라를 책임질 수 있는 지도자는 매일매일보다 나은 역사를 위해 보다 나은 국민의 행복을 위해 심열을 기울이는 뚝심 있는 도전 의식이 있어야 한다. 무엇보다 국민과 함께하는 자세가 필요하다.

사실 그는 반항아 같은 이미지를 갖고 있는 것이 사실이다. 사회적 물의를 일으킨 것은 진실을 다투기에 앞서 다소의 불안 요인이 되고 있는 것도 사실이다. 그러나 그는 지금 건재하다. 일부 반대 세력의 비인간적이고 정치도의를 벗어나 끌어내리기식 암수도 견디어 내었다. 그의 역사적 기상을 꺾기 위해 벌이던 모 배우의 치졸한 음모조차 그가 이루고자 하던 사람다운 세상, 점점 나아지는 대한민국 그리고 국민과 함께 길을 가고자 하는 민의수렴행정, 국민의 삶을 보듬는 세심한 정책, 창조적인 제도개혁의 선봉에서 역사에 이바지하고자 내딛는 발길을 가로막지는 못했다. 나라의 국운이 기울어질 때는 한 사람의 인물을 제때 천거하여 앞장세우고 혼란을 잠재우려는 역사의 진실이 그의 손을 들어주고 있다는 반증이다.

역사와 민족의 염원이 천거하는 인물은 시련을 던져놓고 그가 어떠한 방법으로 벗어나 달려갈 것인가를 지켜본다. 그가 새로운 정책을 만들어내는 데 있어 가장 활동적인 모습을 보여주며 그러한 정책이 많은 사람들에게 희망을 주는 건 그의 정책이 사람을 사랑하기 때문에 만들어진다는 사실이다.

국민을 사랑하지 않는 도시는 재탕 행정도시가 된다. 국민을 사랑하지 않는 도시는 새로움을 갈망하지 않으며 기회가 만들어지지 않는다. 변화와 혁신의 시작은 국민에 대한 사랑이며 국가에 대한 애국심의 발로이다. 쇄신은 행정의 목표이며 행복은 변화의 터널을 지나야 그 문을 열어갈 수 있다. 국민을 위해 누구보다 고민하고 또 국민의 삶을 더 나아지게 만들겠다는 대의의 따스함이 지금 우리 국민에게 필요한 것이지 사사로운 것에 맞서거나 자신의 전시적 이미지에 자신의 운명을 맡기는 소인배를 필요로 하지 않는다.

그는 당차고 기운이 넘치며 합리적 혁신주의자이다. 그는 위기 속에 놓인 현실을 기회로 만들어가는 대처능력이 남다른 사람이다. 그는 무엇이든 시도를 하고 결과를 얻기 위해 뜨거운 고심을 즐긴다. 위기의 사안이 있을 때마다 그는 당당하고 솔직하게 길을 간다.

사실 형제끼리 그만큼 욕설하지 않고 살아가는 사람 있다면 나는 그 앞에 나아가 거짓말하지 말라고 소리칠 수 있다. 그는 우리가 갖고 있던 평범하고 인간적인 부족한 것을 가지고 있다. 이것을 정치 쟁점화시키면서 손가락질을 하는 것은 바람직한 현상은 아니다.

정치인은 선을 보는 자리가 아니다. 우리에게 필요한 것은 그가 역사의 상흔을 어떻게 치유하고 민족의 통합은 어떻게 하며 어떻게 해야 대한민국을 일등국가로 만들어갈 수 있는 비전을 갖고 있으며 그러한 구상을 실천할 수 있는 인물인지를 알아보는 것이다.

최근 그는 우리 민족 앞에 국민기본소득제라는 화두를 던졌다. 산업사회의 다양성은 국민소득의 격차를 가져와 또 다른 양극화를 불러오고 있으니 적어도 먹고사는 문제를 개인의 땀방울의 문제로 외면하지 말고 기본적으로 국민에게 월급을 주자는 정책 안건이다. 이미 유럽에서는 오래전 국민배당제 즉 기본소득제를 시행해오고 있기는 하여 새로울 것이 없다고 하지만 하필 대한민국의 이재명 경기도 지사가 이 문제를 최우선 실현 정책으로 정했는가에 대한 분석을 올바르게 해줄 필요는 있다는 점이다.

나는 그가 이러한 정책을 가장 먼저 선택할 수 있던 이유를 잘 알고 있다. 오늘 그가 국민에게 최소한의 희망은 정부가 나누어주어야 한다는 정책을 앞세운 것은 누구보다 따스하고 정감 넘치며 배려가 있는 정치인이며 새 시대에 걸맞은 지도자로서의 자질이 풍부한 사람이라고 확인케 하는 대목이라는 사실이다.

그래서 일면식도 없는 이재명 지사가 언젠가는 불우한 역사의 시간을 뒤로 물리면서 다가오는 민족의 앞날을 훤히 밝히는 멋진 지도자가 되리라는 희망을 품게 된다. 과연 그날이 빨리 올 것인가 또는 더디 올 것인가만 남아 있을 뿐 그는 한 나라의 책임자로 내세운다고 해도 전혀 손색이 없는 뛰어난 인물임은 분명한 사실이다.

  필자는 여도 아니고 야도 아닌 중성의 정치이념을 가지고 있으니 그에 대한 촌평은 그저 사견일 뿐임을 밝히는 바이지만 어찌 되었건 불우한 시절 속에서 좌절하지 않고 빛나는 월계관을 자신의 인생에 얹혀주고 구국이라는 대의의 함선을 역사의 바다에 띄우고 당당히 역사의 함장으로 나선 그에게 힘찬 박수를 보내는 바이다.

48
야당을 말하다

야당 정치인 중에도 훌륭한 정치인이 너무나도 많다. 이들의 화두는 진보와 보수 사이에서 시대에 필요한 혁신을 찾아낼 수 있느냐라는 변화에 맞는 담론을 찾아내는 일이다.

그들은 언제나 개혁과 권위 속에서 지루한 갈등을 겪어 왔다. 대다수 예전의 보수들은 권위에 길들어 있었다. 그러면서도 그들 내부는 자정의 목소리를 키워 왔다. 오늘날 야당이 재보선에서 승리하게 된 것은 그들 속에서 꾸준히 성장해온 소장파들의 합리적 보수에 대한 열망을 담고 있었기 때문이다.

따라서 보수를 시대에 뒤떨어진 고리타분한 세대들의 합산으로 결론을 내린다면 이는 오류가 많다. 그들은 바짓가랑이가 찢어진 보수가 아니라 언제나 반바지를 입고 거리를 활보할 수 있는 혁신을 갖고 있다.

젊은 세대들이 무조건적인 지지를 보내고 있다는 사실은 이제 그들은 낡은 보수의 얼굴을 바꾸어 버렸고 입는 옷 또한 시대의 흐름을 편승하고 있다는 사실이다. 이 정도의 보수라면 이제 시계추를 거꾸로 돌리는 어리숙한 판단은 하지 않을 것이다. 시대의 분기점으로 기록될 중대한 사안에 대해서도 감정적인 대응이 아니라 합리적인 대응을 하리라고 생각한다.

보수들을 가로막는 세력은 정작 자신들의 내부에 있다. 혁신은 시간을 쪼개는 것이고 미래를 쪼개는 것이다. 보수가 파놓은 우물을 묻거나 철거해 버리고 새로운 보수들의 우물을 파서 의식개혁을 이루어 나가야 한다.

혁신은 판을 갈아엎는 것은 아니다. 적어도 변화를 시작할 수 있는 환경적인 토양. 그리고 정치인과 국민이 그러한 변화를 일으킬 수 있는 변화추동의 신념을 갖고 있어야 한다. 다가오는 시대를 맞이하는 가장 중요한 요소는 변화를 과제로 받아들이는 마음이다.

시대는 바뀌고 있는데 사람이 바뀌지 않는다면 우리가 살아가는 현재는 그저 과거 시간의 반복일 뿐이다.

현재의 시간 속에서 치유하고 개선해야 할 역사적인 문제가 있다면 이를 해결하기 위해 가장 먼저 준비해야 할 것은 수용과 변화다.

역사는 개인의 기록과 다르기 때문에 참회의 기록을 남기는 것에 대해서 최소한이라는 경계선을 두어야 한다.

역사에 상처를 남기는 일은 국가와 국민 전체에 상처를 남기는 결과를 초래한다.

만약 자신의 잘못된 판단에 의해서 역사의 시간에 지우기 힘든 상처가 남겨지게 되었다고 하자, 그 상처는 반드시 다시 반복되고 지워지지 않는다.

일개인에게 상처를 주고 마는 기록이 아닌 것이다. 그러기에 정치인에게는 특히 역사 문제의식을 필요로 한다. 자신의 역량만을 극대화시키는 데 활용하거나 정권을 잡는 수단으로 국회를 이용한다면 역사에 상처만 남기는 오욕의 시간여행이 될 수 있는 것이다.

변화의 시계추가 멈추면 역사의 시간은 정지되고 만다. 특히 역사의 시계는 일반 시계와 달리 거꾸로 달려가기도 한다. 변화에 대응한다는 것은 시대 변화의 흐름을 관망하지 말고 파악하고 대처하라는 뜻이다.

좋은 것은 선택하고 나쁜 것은 선택하지 않는 양자택일의 개념적인 접근이라도 명백한 혁신적 활동성을 준비했을 때 미래는 썩은 현재와 과거의 시간 속에 갇히지 않는다.

미래는 합리적 선택의 완결성을 드높이는 도전의 시간이다. 어제의 생각으로 오늘을 살아가는 것도 구태인데 다가오는 미래까지 오늘의 생각으로 맞이하고 보낸다면 역사의 생명력이 온전할 일이 없다.

나는 보수에게 권고한다. 변화의 본질이 없다면 보수는 역사의 진보를 가로막는 철책과 다르지 않다.

보수는 변화의 눈을, 진보는 속도 조절의 마음을 준비해야 한다.

역사는 개인의 실험 무대가 아니다. 정치실험의 무대가 아니라 가장 합리적인 대안을 만들어서 장엄한 역사의 건물을 짓는 일이다.

고성을 치고 반대만을 위한 반대를 일삼으면서 정치를 한다고 하면 국회는 사당패의 잔칫상이 아니고 무엇이 되겠는가!

정치의 왕도는 국민 우선주의 공익우선주의 법, 정도 우선주의, 진실한 역사 쓰기를 통해서 과거의 얼룩을 지워 버리고 부단히 새롭게 용솟음치는 비상의 의지를 필요로 한다.

정치에 따스함이 필요한 지금이다.

정치에 창조력이 필요한 지금이다.

무수한 시도보다는 멈추지 않는 도전이 필요한 지금이다.

국민 행복 시대의 정치력이 필요한 지금이다.

사회적 상처를 치유하려는 공익의 사명감이 남다른 정치인이 필요한 지금이다.

역사는 지금 울고 있을 것이다.

그가 흘리는 눈물은 모두가 하나로 뭉쳐서 위기를 벗어나 전 국토가 서로의 발전을 위해서 손을 잡아 주고 칭찬에 인색하던 말의 물꼬가 터져 대한민국의 기운이 상승되고 긍정의 힘이 높아져서 쇠국이 아닌 궁극의 대로를 달려가도록 힘을 모아야 할 때임을 선언하고 있을 것이다.

정치의 왕도는 정치가 해야 하는 가장 기본적인 역사의식이다.

바른 대로가 있는데 모두가 길을 회피하고 마다하기 때문에 정치의 왕도는 먼지만 날리고 있는 것이다.

49
국가와 국민의 소통

정부는 국민의 눈이고 소망의 열매다.
국가의 가치는 국민과의 소통을 전제로 존재해야 한다.

막힌 성이 되어서는 정부 운영상에 차질이 생기고 상호 소통 장
애는 과격한 국민을 양성하여 후일에는 정치적 이념의 분열을 부
른다. 소통의 장애는 국민으로 하여금 국가를 신뢰하지 못하게 부
정적인 욕구의 불을 지피게 되는데 이러한 현상은 결국 권력을 쥐
었으나 식물 권력으로 전락하고 마는 원인이 되는 것이다. 자유 민
주 체제하에서는 국민은 소통이라는 무기가 제대로 작동할 수 있
기를 여망한다.

국민들은 자신의 목소리가 국정운영에 반영이 되어야 한다는 고
집스러운 열망을 가지고 있기 때문이다. 때로는 소통이 득이 되기
도 하고 독이 되기도 하는 것은 지나친 언론의 자유와 소통의 환
경은 집단 이기주의를 양산하여 국정 운영의 전체에 혼란을 야기

하는 결과를 부른다.

왜 국민들은 정부와 의견을 나눌 수 있게 되기를 원하는가! 아마도 직접 의사소통의 욕망을 갖지 않은 국민들은 단 한 사람도 없을 것이다.

그것은 입법이 국민을 대변하는 활동을 제대로 하지 않는다는 증거이다. 국회는 국가와 국민이 소통할 수 있는 다리와 같다. 그런데 국민의 의견을 제대로 듣는 정치인들이 있는가! 그들은 당선과 함께 자신의 아성에 갇혀 국민과 지역구의 민원을 제대로 수렴을 하지 않는다. 그들에게 중대한 현안은 정권 창출이기 때문이다. 오직 권력에 대한 편중적인 일념에 사로잡혀 있는데 국회가 제대로 민의의 전당으로서의 역할을 하리라고 생각하면 오산이다.

50
소임이 대임이다

정권을 잡아야만 반드시 국민을 위해 입이 쩌억 벌어지는 선물을 안겨줄 수 있다고 생각하는 권력집착은 권력병에 다름 아니다.

국민을 행복하게 하는 정치는 자신의 생존권과 처우에 온 힘을 쏟고 지나치게 화려한 특권적인 환경을 개선하는 데 신경을 쓰지 않는다. 국민의 삶 속에서 소소하게 챙겨야 하는 작은 목소리를 들어 주고 가슴에 새겨 주고 멈추지 않고 실행을 해주는 소임들이 쌓여 국민의 행복이 완결되고 정치의 건강성이 회복이 되는 것이다.

국회의원이 정치권력을 쟁취하는 데 혈안이 되어 있으니 소임은 소임대로 진행이 안 돼 결과가 없고, 정권 창출이라는 대임을 얻는 것에 눈이 벌겋게 달아오르다 보니 민의는 눈에 보이지를 않는다.

집중된 권력은 눈을 멀게 하고 나태와 안일에 빠지게 한다. 그리고 서서히 국민의 소리에는 귀를 기울이지 않고 모른다는 식으로 정치의 구태를 반복하게 되는 것이다.

그리고 자신들이 해야 할 과제들에 대해서는 눈을 감기 시작한다. 정권을 잡는 게 목표였던 정당들이기 때문에 정치력을 발휘하려면 무수한 실험을 거쳐야 하는 것이다.

실험적인 기간 동안 국민들은 다시 한번 불안한 날을 살아가야 한다. 정권 창출이라는 목표는 인간을 변질시키고 국민에게 봉사해야 하는 책무를 던져버리게 하고 국가의 품격을 떨어뜨리게 한다. 대안 없는 정치를 반복하는 것은 정권에 대한 욕심은 가지고 살아가지만 그것을 통해서 국민을 행복하게 해야 한다는 측면에서 설계가 짜여 있지 않다는 반증이다.

공약 또한 국민에게 표를 얻기 위해 벌이는 전술적인 책략에 불과하다. 이와 같은 부정적인 구태의 반복은 국민을 정치 이념의 노예로 전락시키는 사슬과 같다.

대임은 국민은 행복하게 하는 것이지 권력을 잡는 목표에 있지를 않다. 국가의 위기는 국민이 정치 쟁점화에 매달리게 될 때 오게 된다. 잘못된 대임을 위해 소임을 버리고 살아가니까 행복하지 않은 나라가 되는 것이다.

국민을 행복하게 하는 데 실패한 권력이 국민에게 무슨 소용이 있겠는가! 누가 권력을 잡든지 간에 과정에 충실한 정치의 살림이 요구되는 오늘이다.

생존을 지킨다는 욕망의 대서사시 필사적인 헌신과 동맹을 맺어 거리로 나서기도 하고 국회 지붕이 가라앉을 만큼 고성이 오고 가고 반대를 위한 반대의 물결이 굽이치게 하는 것은 모두가 국회의 원이라는 생존권을 사수하려는 욕망의 몸짓에 불과한 것이다.

대다수의 다양한 목소리는 국정 운영에 혼선을 가져다주는 것 같으나 나중에는 국민으로부터 신뢰를 받음으로써 안정적인 국정 운영을 가능하게 한다.

국가는 열심히 일을 해도 국민들로부터 박수를 받지 못한다. 국민과 국가는 동일체의 시스템이다. 하나가 없으면 다른 하나는 존재하지 못한다. 국민과 가까워질수록 국가의 모든 시스템은 선진국가로 발전한다. 성장의 기조를 경제 규모와 양적 팽창의 시스템에 집중한다고 해서 국민의 삶이 행복하지는 않는다.

이제는 국민 행복의 양적 팽창이 성장의 기조가 되어야 한다. 국민을 잘살게 하면 국민이 행복할 것이라고 하는 정치의 사조는 이제 바뀔 필요가 있다.

이제 경제의 양적인 성장과 함께 행복한 대한민국을 향한 또 다른 발걸음을 옮겨 놓아야 할 때이다.

21세기 정치는 권위로 닫혀 있는 문을 활짝 열어야 한다. 현대 역사는 권위가 필요하지 않다. 국민이 언론이고 국가의 구성요소이다. 개방적이고 열린 국가는 국민 정치참여의 수준을 높이고 입법 행정의 체질을 개선해 주는 수단이 된다. 국가는 얼마만큼 국민의 삶의 질을 위해 헌신하고 최선을 다했느냐에 따라서 권위와 존경을 받는다. 권좌에 앉는 시간이 지나갈수록 소통이 막히는 것은 권위라는 늪에 빠져들기 때문이다.

정부가 초심을 강화하고 지속해 나간다면 권력 누수 현상은 사라질 것이다.

유독 정권 창출의 기회를 미친 듯이 욕심내는 것은 남을 인정하지 않는 천성적인 기질에 있다. 남이 하면 배가 아프고 남이 잡으면 목표를 잃어버리고 허탈해한다. 오직 자신들이 정권을 잡아야만 국민을 위해서 일을 할 수 있다고 하는 권력집중은 책무상실의 정치인이 되게 한다.

그들은 패배가 확정되면 다음에는 어떻게 해서든 정권을 잡고야 말겠다는 전의를 불태우게 된다.

다음 차례는 내 거야 하는 야당의 정치인들이 새로운 정권을 성공적인 정부로 만드는 데 일조하고 초당적으로 협조를 하리라고 생각하는 것 자체가 무모한 발상이다. 성공하지 못하도록 물귀신 작전을 펼쳐 가는 것을 너무나 당연하게 생각을 한다. 그사이 역사는 상처를 받고 위기 속을 넘나드는 일을 반복하게 한다.

이러한 상황에서 국민의 삶이 불행해지는 것은 당연하다. 경제 위기를 넘어설 수 있는 문제에 대해서 머리를 맞대지 않고 정권에 김 빼기 작전을 짜느라 혈안이 되어 있는 것이다.

이것은 악순환을 넘어선 역사 죽이기의 질병 잔치인 것이다.

왜 정치는 미완의 상태를 반복하고 있는 것인가!

성공하는 정부를 이기고 공정한 경쟁을 통해서 정권을 잡으려고 노력을 한다면 정치는 조금씩이라도 성장할 것이고 국가는 탄탄한 정치 환경을 만들어 갈 수 있을 것이다.

반대를 일삼고 끄집어 내려서 정권을 잡으려는 사람들에게 국민을 행복하게 하고 경제를 안정시키는 대안을 만들어 놓을 수 있겠는가!

실패한 정부에게서 실패한 정부가 나온다는 사실을 엄숙하게 받아들이고 성찰해야 할 때이다.

법 십언

1. 반드시 법대로 하는 것만이 정의는 아니다. 진실을 가두지 않고 거짓을 벌하는 법 집행만이 정의라고 말할 수 있다.

2. 우리가 법을 불신하는 것은 법이 공정과 평등의 의무를 저버리는 일을 너무나 자주 목격하기 때문이다

3. 진실을 숭배하고 불의를 타파하려는 노력이 없다면 그 법은 국민의 희망을 앗아가는 불의의 손길이다.

4. 법의 양심은 공정의 정신을 실천하고 지키려는 굳은 신념에 있다.

5. 단 한번이라도 양심을 팔아 판결을 내린 적이 있다면 그 법관은 옷을 벗고 나와야 한다. 그것은 엄연한 범죄이기 때문이고 악을 징벌할 명분을 상실하기 때문이다.

6. 법이 정의로운 판결을 내리는 일은 그리 어려운 것이 아니다. 다만 정의를 선택하여 손을 들어주는 일이 힘들 뿐이다.

7. 법으로부터 피해를 당한 사람이 피해를 구제받지 못하는 것은 그 해당 재판관이 자신의 오판을 감추려는 위선을 붙들고 안주하기 때

문이다.

8. 법으로부터 진실의 침해를 당한 피해자가 많다는 사실을 인정하지
   않는다면 법 개혁은 언제나 제자리걸음을 할 수밖에 없다.

9. 물건을 파는 저울을 속이는 것은 사기죄에 해당하지만 진실을 외면
   하는 판결은 정의에 대한 학살의 단행이다.

10. 잘못된 판결에 대한 침묵은 법 정신의 낙태를 의미한다.

11. 국민 앞에 권위를 세우려는 행위를 스스로 제어하지 못할 경우 위
    법을 조장하는 도구가 된다.

12. 법은 악을 징벌하기 이전에 먼저 진실 탐구라는 의무를 소홀히 해
    서는 안 된다.

13. 자신의 감정이 가미된 판결은 사람의 인생을 파괴한다는 측면에
    서 중대한 범죄와 다르지 않다.

14. 법이 악을 품는 일은 다음과 같다. 개인의 전과 기록을 깔고 하는
    판결. 금전이나 권력의 손을 들어주는 판결. 그리고 오판을 바로
    잡지 않고 묻어두려는 불결의 마음이다.

15. 성찰 없는 판결은 진실을 가두는 감옥이다.

16. 진지하게 살피지 않는 판결은 법정에 거짓의 동상을 세우는 불의
    한 행동이 된다.

17. 우리가 법에게 바라는 것은 진실을 묵살하지 않고 거짓의 손을 들
    어주지 않는 흔들리지 않는 지성이다.

18. 판결은 사람의 인생을 다루는 것이기에 좀더 신중할 필요가 있다.
    병아리 암수 고르듯이 재판을 한다면 억울한 피해자가 양산되지
    않을 수 없는 것이다.

19. 법은 원칙이라는 칼 외에 인정이라는 눈물을 동시에 가지고 있어
    야 한다.

20. 법은 피고인이 거짓을 말한다는 판단이 설지라도 피고인의 변론
    을 끝까지 경청하는 여유를 가져야 할 필요가 있다. 그래야 더 진
    실에 가까이 다가서는 문을 찾아낼 수 있기 때문이다.

21. 재판관에게 있어 편견은 법 정신의 정면 폭력이다.

22. 법 조항만을 따지는 모든 판결은 정의의 위기를 부른다.

23. 관용이 없는 법은 상처를 내는 칼에 불과하다.

24. 따스함을 잃은 법은 거리를 헤매는 미아와 다르지 않다.

25. 왜? 존재하는가! 왜? 필요한 것인가! 왜? 진실의 편에 서야 하는가!
    이 세 가지의 질문에 답을 얻은 법관이라면 존경받아 마땅하다.

26. 배고픈 자가 빵을 훔치는 것은 범죄가 맞지만 이러한 행위를 법대
    로를 외치며 벌을 주는 것은 참 정의와 법 정신의 위반이다.

27. 법관들이 법 정신을 구현하려면 권위의 사치에 길들여지지 말아
    야 한다.

28. 진실의 힘은 낮은 곳에 있다. 마치 물이 낮은 곳에 고여 드는 것과
    같다. 그럼에도 불구하고 낮은 곳의 진실이 지켜지지 않는 것은
    법관이 낮은 곳을 보호하고 귀담아들으려는 정성이 부족하기 때
    문이다.

29. 현재 법정에서 진실을 판가름하는 기준은 돈과 권력이다. 돈을 이
    기는 평등권은 존재하지 않는다.

30. 법관은 정의의 추가 돼야 한다.

31. 법은 만인의 벗이지 소수의 벗이 아니다.

32. 법이 평등한 집행력을 상실하는 것은 나무가 뿌리를 없애고 서있
    는 것같이 매우 위험한 일이다.

33. 법 존립의 가치는 권위에 있지를 않고 공정의 저울추에 있다.

34. 권력의 힘에 지배를 받았다는 사실 자체가 법 정신의 실추와 탈선
    을 증명하고도 남음이다.

35. 벌을 다스리는 자가 벌을 행한 법관이라면 벌을 받아야 하는 사람
    이지 벌을 내리는 사람은 절대 아니다. 그럼에도 불구하고 벌을 내
    린다면 이는 시대의 비극이고 선을 가장한 악들의 반란과도 같다.

36. 판결이 정의가 아니라 올바른 재판이 정의이다.

37. 진실의 손을 드는 데 망설이거나 진실을 외면한다면 어떤 이유든
    그것은 악이 선을 징벌하는 행위이다.

38. 법이 타락하는 데는 반드시 그 법을 이용하는 무리들이 있다. 이
    들로부터 법이 농간을 당하지 않도록 감시해야겠으나 먼저 우리
    자신 속에 내재된 법에 대한 편의적 사용의 본능을 없애지 않으

면 법의 공정한 정신이 살아나고 지켜지기를 바라는 소망은 결코 이루어질 수 없다.

39. 우리는 법이 공정한 정신을 상실해가는 과정을 묵인해서는 안 되지만 우리 자신 스스로 법을 개인의 편의나 이익을 쟁취하는 수단으로 사용하려는 본능을 제어하지 않으면 안 된다.

40. 법은 정의의 시녀가 아니라 정의를 보호하는 용병이다.

41. 법을 감시하는 기구는 법관의 양심이다. 법관의 자질과 인품이 정의와 평등을 신봉해야 하는 이유가 여기에 있다. 또한 법이 공정한 정신을 잃어버림으로써 국민이 상처를 받아야 하는 이유이기도 하다.

42. 법관은 정의를 숭배하는 성직자가 돼야 한다.

43. 법관의 두 가지 유형이 있는데 다음과 같다. 하나는 법 정신을 준수하며 재판에 임하는 자요. 다른 하나는 자신의 감정에 지배를 받고 재판에 임하는 자이다.

44. 진실을 숭배하는 자가 진실을 분별할 수 있는 힘을 가질 수 있다. 만약 재판관이 거짓에 손을 들어 주었다면 그가 더 이상 진실을

숭배하지 않는 사람이며 동시에 진실을 분별할 수 있는 능력을 상실한 것으로서 그에게 판결의 지위를 준다는 것은 악의 양육을 맡기는 것과 다르지 않다.

45. 의도적 오판은 징계의 사유가 아니라 형사처벌의 사유다.

46. 행위적 기준의 강화가 아닌 환경적 요인의 기준이 강화된 법 적용만이 법이 인간 사회를 널리 이롭게 하는 만인의 연인으로 존재할 수 있는 길이 될 것이다.

47. 오판을 범죄가 아닌 실수로 덮어 버리고 책임 면탈의 그늘에 숨어 지내는 한 법은 그 생명력을 상실하게 될 것이다.

48. 피고인도 거짓말을 한다. 그러나 검찰도 최악의 거짓말을 한다. 누구의 손을 들어 줄 것인가! 이때 필요한 것이 편견에 대한 항거의 정신이다.

49. 죄가 아닌 것을 죄로 둔갑시키는 불의를 판결의 능력이라고 규정하는 관행을 버리지 않는 한 법은 정의의 시녀가 아니라 악의 시녀로 인식될 수밖에 없다.

50. 법은 정의를 지키는 마지막 관문이다.

51. 법 개혁이 되려면 먼저 법에 선을 대어 편의를 도모하려는 세력이 근절되어야 한다.

52. 대다수의 법관은 순수하고 법치의 원리와 정도를 알며 평등권에 대해 실천 의지를 갖고 있으나 권력과 금권에 흔들리는 경험을 가지고 있다는 점이 우리로 하여금 법에 대해 불안한 걱정을 가져야 하는 이유이다.

53. 누구든지 법을 사랑하는 애인으로 사귈 수 있는 사회 그것이 정의로운 사회인 것이다.

54. 우리 모두는 진실을 손을 들어줄 때 모든 사람들의 비난이 예상될지라도 엄숙한 마음으로 진실을 손을 들어주는 양심을 가슴에 새기는 법을 요구하는 것이다.

55. 법이 타락하기 가장 쉬운 방법은 그 자신 또는 그와 연결된 사람들이 품고 있는 편견이다. 편견은 진실을 눈을 뜨지 못하게 만드는 검은 띠이다.

56. 죄를 벌할 때는 두 개의 눈을 가지고 임해야 한다. 하나는 위법에 대한 냉엄한 인식, 다른 하나는 인간에 대한 무한한 존엄성이다.

57. 법은 칼이 아니다. 법은 칼을 품고 있는 칼집이다.

58. 피고인을 사랑하라. 특히 법정에 서 있는 사람을 사랑하라. 사랑
하기 쉽지 않다면 그가 지은 죄와 사람을 하나로 묶어 평가하지
마라. 그것이 올바른 판결을 할 수 있는 지혜의 길이다.

59. 사법연수원에 모의재판과를 만들어 공부하면서 재판 경험을 직
접 하도록 학업의 방법을 바꾸어서 사법관을 양성해낼 필요가 있
다. 법관은 암기로 합격을 받는 것이 아니라 균형 잡힌 사고로 자
격이 유지되어야 한다.

60. 법이 법관의 불법을 보호해주는 온상이 된다면 국민은 희망을 잃
어버린 사생아와 다르지 않다.

51
나의 기록을 말하다

사실 나는 이명박, 박근혜 정부 당시 가장 많은 핍박을 당한 사람이다. 대통령 자신이 그러했을 리는 없겠으나 그의 참모들이 두 분의 귀와 눈을 가리고 비록 과거는 불우했으나 정의가 아니면 뜻을 세우지 않고 살아온 나의 앞길을 막아섰다.

어두운 사람 중에서 가장 스펙이 좋은 나였다. 전과자는 전과자답게 살아가야 하는데 냉엄한 판단력과 뛰어난 아이디어는 어둠의 제왕들에게 두려움을 안겨주게 되었던 것이다. 나는 누가 도둑놈이고 누가 선한 사람인지 어느 쪽이 어둠의 세력인지 잘 알 수 있는 입장에 서 있었다.

공무원 중에 도둑놈 아닌 사람 찾아보기 힘든 시절이 있었다. 지금은 어떠한지 그저 궁금하고 답답하다. 나라에 녹을 먹는 사람들은 하나같이 도둑놈이 많다.

내 아이디어로 수십 조원의 돈을 번 몹쓸 놈의 기업과 기업인은 마땅하게 건네주어야 하는 지분을 건네주지 않기 위해서 거짓 자백을 받아내고 건달과 깡패를 동원하여 입을 막고 협박을 하는 등 인간으로서의 본성과 품위를 저버린 사실이 있다.

이런 몹쓸 짓을 자행하고도 버젓이 대한민국의 IT 황제로 군림을 하고 있는 것을 보며 한탄의 세월이 길었다. 그는 진실을 밝히게 되는 것이 두려운 나머지 대놓고 내 앞길을 막아섰다. 언론에 기사가 나가는 것을 막아섰고 이미 보도된 기사까지 언론사에서 전부 내리도록 언론에 재갈을 물리는 짓을 최근까지 자행을 했다.

자신에게 덕을 베풀고 인생의 역전 드라마를 가능하게 한 당사자를 거짓 신화를 굳히기 위해서 한 인간의 치열한 생애의 기록과 도전을 가로막는 인면수심의 짓을 버젓이 자행하고 있는 것이다.
나는 힘도 없고 빽이 없으니 몸을 낮추면서 때를 기다려야 했다.

나는 평소 윤석열 전 총장을 존경하고 흠모하던 사람이다. 윤석열 전 검찰 총장에게 진실을 밝혀 줄 것을 진정하고 싶었으나 내키지는 않았다. 그분이 정의롭지 않기 때문이 아니라 누를 끼치고 싶지 않아서이다.

이런 자를 활보하게 하도록 방치한다면 두 번 다시 국민의 입으로 정의를 말하지 마시라. 그는 발명과도 거리가 멀고 연구하는 것과도 거리가 멀다.

그는 오직 접대와 놀이로 무장한 채 비상식적인 비즈니스로 몸이 배인 사람이다. 그런 그가 세계적인 IT 황제로 불리면서 거들먹거리고 살아간다는 사실이 역겹게 느껴진다.

그의 신화는 가짜이다. 그의 뒤에는 보수의 검찰 세력이 있다. 그들은 언론도 재갈을 물려서 내 기사만 나가면 임의대로 무조건 기사를 내리게 했다. 자유와 인권과 평등권이라는 세 가지의 권리가 국가가 아니라 개인 기업이 자행하고 있다는 사실을 그냥 흘러버리지 말아야 할 것이다.

그는 철저하게 나의 비상을 막았다. 전과자로 살아가기 얼마나 힘이 드는 일인데 박수를 쳐서 이끌어 주지는 못할망정 어떻게 칼을 들고 가지를 치고 뿌리를 뽑고 못살게 할 수 있다는 말이더냐!

자유 대한민국에서 어찌 이런 일이 발생하는가! 그것은 과거 정권이 그만큼 부도덕했다는 사실을 반증한다.

이제 보수에게 한마디 권하고자 한다. 인간의 인권을 가지고 길들이면서 놀지 말고 현재를 타파하고 미래를 길들이는 데 힘을 쏟아 달라고 말입니다.

아마도 이때의 벤처인들은 거의 다 신분이력 윤리점검 검사에 제대로 통과되지는 않을 것이다. 그를 이 땅의 정의가 심판을 해야 나는 이 땅에 정의가 살아 있다는 말을 외칠 것이다.

나는 대일 독도 운동을 함에 있어서 특별한 전략을 세운 덕에 일본 사람들의 간담을 서늘하게 했다.

120개의 발명특허
40권의 저서
중학교 2학년 도덕책에 실려 있다.
독도지킴 국민행동본부 위원장
포나배 국제 비즈니스 클럽창립자
세계평화 문화 연대
미래 통일 청년연합 등 꽤 많은 일을 해왔다.
소위 전과자가 세운 업적치고는 좋다 열거하자면 수없이 많은 일을 통해서 사회에 공헌했다.

나는 내 인생에 대해서 누군가 조명을 하든지 하지 않든지 상관하지 않는다. "단추가 잘못 낀 줄 알았더니 단추가 떨어져 있었다." 라는 말은 내가 만든 말이다.

우리는 참으로 많은 시행착오 속에 노출이 되어 있다. 어떤 사람은 준비가 되었는데 감추어지고 어떤 사람은 준비는커녕 비정상적인데도 불구하고 대도의 길을 가게 된다.

　모든 게 다 운이다.

　이제는 독자나 늘어나서 얼마 남지 않은 인생이 덜 심심했으면
좋겠다.

　정치의 왕도는 이제 우리가 가져야 하는 역사적인 유산이다.

　다음 시 2편을 끝으로 정치의 왕도를 마치고자 한다.

별이 나를 부른다

또 하루가 삶의 무대 위에서

멀어져 가고 있다.

세상은 빛나는 태양을. 떠나보내고

창가에 어두운 광목천을 둘렀다.

후회가 많은 시간 여행이기에

남겨진 시간은 별이 되게 해야지

굳은 약속을 다짐한 나지만

잠시 휴식을 하는 동안에도

언제나 제 몫을 못 했다고

자책의 물길에 마음을 담그고는

더 잘살아볼게라고

내일을 기약하는 엽서를 적어

별들에게 부치게 된다

후회가 깊을수록 아쉬움은 별을 낳는다.

산다고 살아왔는데

허전함의 파도가

가슴속의 능선은 따라

깊은 물목을 만들어 굽이치는 건

왜일까!

나는 커다란 알을 품는

실의를 편히 눕게 하고

다시 하늘을 올려다본다.

딴에는 배운 바 없고

야생의 본능으로 날개를 만들어

해진 운명을 양육해온 세월.

절망까지도 사랑하자

결심한 긍정의 덕에

삶의 힘겨운 만찬을 받고도

주저앉고 싶을 때마다

손사래를 치며 일어서고

또 일어서며 걸어왔다.

가을 낙엽 제 가지를

떠난 지 잠시.

뒤이어.

삭풍 돗자리 펴고

시름으로 굽은 등.

샛길 만들어 다가올 때

나는 울었다.

집채만 한 파도 이빨을 드러낸

삶의 강. 간신히 건너

모진 고난

볼을 비비며

볼을 비비며

희망의 불씨 지피다.

나는 웃었다.

속이 텅 빈 나이테 속에

구더기처럼 기생하던

방황의 흔적들을

별이 지던 아침까지

쓸어안고

내 영혼은 흐느적거렸다.

밤새 흘린 눈물

하얀 액체가 되어

아침을 나서던 뒷굽창에

고여 있을 때

어느덧 내 청춘은 온데간데없고

시간은 밤비처럼 흘러

어디론가 가버렸음을 알게 되었다.

어제던가 막 구워낸 새날은

지팡이를 쥔 노인처럼.

황혼의 안개빛으로 사라져가고

나 살아있어 베갯잇에

만들어 놓은 눈물 자국

억지로 지워내려

두 볼에 비비고 또 비비다

병아리 빛깔 같은

도전 앞에 다시 선다.

돌아오는 가을에는

낙엽 가까이

내가 누워있을지도 모른다.

농익은 가을바람이

거두어 간

마지막 잎새

그들의 아우성 속에서

내가

추억 한 줌 보따리

꺼내놓고

그들 어깨에 기대어

세상 저편 이야기와

세상 이편의 이야기를

한입 두입 먹여주면서

노닥거리고 있을지도

모른다.

모른다.

아무도 모른다.

내가

낙엽 되고

네가

낙엽 되어

구르게 될지를…

구들장 바닥을 휘휘

저어 도는 불덩이같이

뜨겁게 달아오르던

생존의 바다여!

아침 이슬 몸져누운

새벽 강가에

내 청춘의 일기장을

묻어두고

돌아오는 가을에는

내가

마지막 날을 받아놓고

잘살았노라

작별의 인장을 찍으며

허공 속의 봄꽃처럼

먼지가 되어 날리울지도 모른다.

시련의 은빛 총탄을

맞아 싸우던

그날이

슬픈 병기를 맞고

울며 쓰러지던

그날이

거대해진 외로움

내 그림자 되어

떠날 줄 모르던 시절이

그 얼마나!

아름다운 날이었는지

아무도 모른다.

네놈 탓이요

국가이익. 제편이익

반대하다. 보낸세월

대통령만. 욕하느라

제놈역할. 안중없네

일본녀석. 경제전쟁

어느누가. 했을소냐.

인권시대. 공정기준

공수처법. 시대인식

민생돌봄. 공유시대

기초복지. 양극해소

만민평등. 돌봄시대

박대통령. 전대통령

노대통령. 모지리에

박대소대. 똥대가리

두번임명. 해주어도

이대가리. 물난경란

박대가리. 국정대란

국민소통. 대문잠겨

언론탄압. 주둥족쇄

중소기업. 죽든말든

대기업병. 추구하다

사는놈만. 배터지고

서민목청. 외면하니

전국불안. 국민불만

천지돌아. 하늘까지

잊었더냐. 국민의무

국가살림. 어려운게

말끝마다. 대통령탓

잘한것이. 열이면은

못한것이. 둘이라도

양손높이. 들어올려

박수라도. 쳐줍시다.

할일없는. 대한국민

이제그만. 대통령탓

너나잘해. 우리잘해.

잘못있담. 대한국민.

인간세상. 말세된거

사람세상. 뒤틀린거

정치책임. 아녀랑께

이색삼색. 분열키워

언놈좋고. 이래좋고

대한민국. 국민들님

하나결속. 하나단결

들이대도. 힘든세상.

말세카는. 풀이하면.

말로먹고. 싸는국민.

길을막고. 물어보면.

네놈탓야. 네년탓야.

네탓중병. 만성질환

해도해도. 너무허제

코로나온. 질병차단

대통령이. 무능하다.

헛소리들. 작작하소.

대그박도. 안마른놈

부전자전. 탓병받아

벌써부터. 네탓병이

애비타고. 뛰어넘어

네탓재능. 갈고닦아

국제대표. 취임해라.

현대정치. 반백넘어.

정치인욕. 안한사람

있으면은. 나오시요.

이제그만. 네탓그만

배딜민폭. 국가지위

오를만큼. 올랐으니

손짓비난. 주둥비난

니캉내캉. 고마하고

손바닥을. 가슴치며

내탓이요. 내탓이요.

하여보세.